# 알쏭달쏭 한자

박상수 편저

傳統文化研究會

**박상수**朴相水

**주요 학력** 단국대학교 한문학과 박사과정 수료
한국고전번역원 연수부 및 일반연구부 수료
국사편찬위원회 초서 기초과정 및 고급과정 수료
溫知書堂 한문 수학

**주요 경력** 단국대학교 한문교육과 강사(前)
단국대학교 동양학연구소 전문위원(前)
한국한문학회 출판이사(前)
어문정책정상화추진회 사무국장(前)
전통문화연구회 연구위원(前)
전통문화연구회 동양고전번역연구실 책임연구원 · 실장(現)

**저 역 서** 《간찰, 선비의 일상》, 《고시문집古詩文集》, 《다천유고茶泉遺稿》,
《붓 끝에 담긴 향기》, 《구소수간歐蘇手簡》, 《동국명현유묵東國名賢遺墨》,
《동작금석문집銅雀金石文集》, 《미국 와이즈만 미술관 한국 문화재 도록》,
《사문수간師門手簡》, 《사상세고沙上世稿》, 《서포일기西浦日記》, 《아언각비雅言覺非》,
《습재집習齋集》, 《오가보첩吾家寶帖》, 《왕양명 집안 편지》, 《율곡 친필 격몽요결》,
《주자, 스승 이통과 학문을 논하다》, 《초간독草簡牘》, 《퇴계 편지 백 편》,
《항전척독杭傳尺牘》, 《한문독해첩경-문학편》, 《한문독해첩경-사학편》,
《한문독해첩경-철학편》, 《중국의 음식디미방》 외 다수

# 《알쏭달쏭한자》를 집필하며

박상수

옛날 우리 조상들은 한문 문헌 독해를 위해 수많은 시간을 투자하며 노력하였다. 심지어 "백번 읽으면 뜻이 저절로 드러난다.〔讀書百遍義自見〕"는 말을 금과옥조처럼 여기며 다수의 시간을 기울이는 것을 문리를 터득하는 최고의 방법으로 여길 정도였다. 하지만 문장 분석과 문법적 이해를 통한 다양한 학습방법이 연구된 오늘날까지 전통적 한문 학습 방법을 고수하거나 강요할 수 없는 노릇이다.

한문은 크게 사람이나 사물, 동작이나 상태 등의 개념을 나타내며 독립된 성분을 맡고 있는 실사實詞와 독자적으로 구句나 문文을 이루지는 못하지만 문장의 구성을 돕는 허사虛辭로 구분된다. 그 중 실사는 문장을 이해하는데 반드시 익혀야 하는 것이지만 의미를 파악하는데 어려움을 갖는 것은 동일한 글자라도 그 글이 지어진 시간이나 공간의 차이로 인해 다른 의미로 쓰이는 경우가 발생하기도 한다. 또한 동일한 의미 범주의 글자라도 파생된 의미로 쓰이는 경우 역시 허다하다.

또한 고대로 올라갈수록 단음절單音節 단어가 많은데, 특히 선진先秦 문헌에서는 단음절 동의사同義詞와 근의사近義詞를 어떻게 해석하느냐가 고문을 해독하는데 매우 중요한 부분을 차지하고 있다. 예를 들면 '주(住, 머물다)'와 '거(居, 살다)'는 오늘날은 같은 의미로 쓰이지만 고대에는 '주住'는 '잠시 머물다', '거居'는 '정착하여 생활하다'는 뜻으로 구분하였고, 얼굴이나 용모를 이르는 '용(容, 얼굴 용)'과 '모(貌, 얼굴 모)' 역시 동일한 의미로 인식되지만 '용容'은 외면보다 내면에 중점을 두고, '모貌'는 정신보다 외모에 중점을 두고 있다.

오늘날 전해지는 옛 문헌에 기록된 각 한자들이 어느 시대에 만들어졌는지 자세히 알 방법이 없지만 몇몇 글자들은 발생된 선후가 명확한 것들도 보인다. 한 예로 선진先秦시대 문헌에서는 일반적으로 '시屎'자를 '시矢'로 표현하고 있다. 《춘추좌씨전》 문공文公 18년에 "말똥 속에 묻었다.〔埋之馬矢之中〕"라고 사례를 통해 '시屎'자는 '시矢'자에 비해 늦게 만들어진 글자로, 한나라 이후에도 쓰임이 그다지 많지 않았던 글자임을 확인할 수 있다.

이처럼 전혀 다른 글자이면서 동일한 의미로 쓰이는 경우도 있고, 크게는 동일한 의미이지만 세분화하면 다른 의미로 쓰이는 글자들도 있다.

본회에서는 학습자들에게 도움을 주고자, 이러한 글자 가운데 사용빈도가 높은 153종을 선별하여 본회 사이버서당에 〈알쏭달쏭한자〉를 연재하였다. 각 글자를 자세히 해설하고 도식화하여 애매모호한 동의사와 근의사를 구분함으로서, 연재 당시 학습자들의 높은 호응을 얻은 바 있다. 이를 바탕으로 연재물 〈알쏭달쏭한자〉의 예문과 자해字解의 오류를 바로잡아 본서를 세상에 내놓게 되었다.

본서의 주요 참고자료로는 허신許愼이 지은 《설문해자說文解字》를 청淸나라 단옥재段玉裁가 주석한 《설문해자주說文解字注》, 《한자동의어사전漢子同義語辭典》, 왕봉양王鳳陽의 《고사변古辭辨》, 황금귀黃金貴의 《고대문화사의집류변고古代文化詞義集類辨考》 등이 있다.

전통문화연구회 책임연구원 박상수

# 목 차

## 부록

# 일러두기

1. 이 책은 한자한문교육총서의 한 책이다.
2. 본서의 구성은 다음과 같다.

〈예문〉

> ① 薪 : 거칠고 큰 땔나무를 이른다.
> → 《예기》〈월령月令〉에 "늦겨울 3월 사감에게 명하여 땔나무를 거두어 쌓게 하였다.〔季冬三月 乃命四監 收秩薪柴〕"라고 하였다.
> ⇒ 초목〔艸〕을 쪼개서〔析〕 땔나무로 삼는다는 의미로, 신(辛, 지금은 생략된 형태인 立)이 발음을 결정하였다.

① 독자의 이해를 돕기 위하여 위에 각 표제자의 관계를 그림으로 표현하였다.
② 글자마다 원문 용례와 번역문, 자해字解를 제시하였다.
③ 표제자는 한자漢字만 노출하였고, 표제자 설명 부분의 한자 낱글자와 한자어는 필요한 경우 한글과 한자를 병기併記하였다.

3. 본서에 사용한 부호는 다음과 같다.
→ : 예문
⇒ : 자해字解
" " : 대화, 각종 인용
" " : 대화, 각종 인용
' ' : " " 안에서 재인용, 강조
《 》: 서명書名 또는 출전出典
〈 〉: 편장명篇章名, 작품명作品名, 보충역補充譯
( ) : 간단한 주석注釋
〔 〕: 번역 뒤에 인용한 원문原文
표제자를 구성하는 낱글자 표시

# 알쏭달쏭
# 한자

## 1. 可(옳을 가)·能(능할 능)·得(얻을 득) : ~할 수 있다

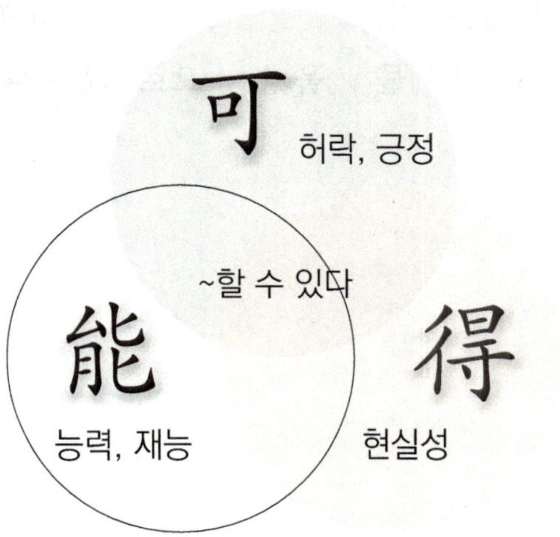


① 可 : 어떠한 일을 할 수 있도록 하는 허락이나 긍정, 적합을 이른다.

→《논어》〈공야장公冶長〉에 "썩은 나무는 조각할 수 없다.〔朽木不可雕也〕"라고 하였다.

⇒ 농사 짓기에 적합한 농기구를 본뜬 글자이다.

② 能 : '능히 ~할 수 있다', '충분히 ~할 수 있다'는 뜻이다. 명사로는 '능력', '재능' 등의 뜻이다.

→《논어》〈선진先進〉에 "잘할 수 있다는 것이 아니라 배우기를 원합니다.〔非曰能之 願學焉〕"라고 하였다.

⇒ 달리기, 나무타기, 수영 등 다양한 능력을 가진 곰의 모양을 본뜬 글자이다.

③ 得 : 행위가 현실로 실현되는 것을 말하는데, 능能과 가可의 중간에 해당하며 객관적인 조건의 제한, 또는 주관적인 염원의 가능성

을 나타낸다.

→《맹자》〈양혜왕 상梁惠王 上〉에 “제 환공과 진 문공의 일을 들어 볼 수 있겠습니까?〔齊桓晉文之事 可得聞乎〕”라고 하였다.

⇒ 길〔彳〕을 가다가 패물〔貝〕을 손〔寸〕으로 줍는 상황을 본떴다.

## 2. 根(뿌리 근)·本(근본 본) : 뿌리

① 根 : 근根은 풀과 나무의 땅 아랫부분을 가리킨다. 또한 위로 자라는 나무[木]와 이와 어긋나게[艮] 반대로 자라는 뿌리를 이른다.

→ 《논형論衡》 〈초기超奇〉에 "아래에 뿌리와 그루가 있다면 위에는 꽃과 잎이 있다.[有根株于下 有榮葉于上]"라고 하였다.

⇒ 뜻을 결정한 목木과 발음을 결정한 간艮이 합쳐졌다. 간艮은 비匕와 목目이 합쳐진 글자로, 사람이 고개를 돌려 바라보고 있는 모습을 본떴다. 이후 뜻이 확대되어 '어긋나다'는 뜻으로 주로 쓰인다.

② 本 : 땅의 윗부분을 가리키기도 하고, 땅 아랫부분을 가리키기도 한다. 나무[木] 뿌리 부분을 표시하는 가로획[一]이 더해졌다.

→ 《국어國語》 〈진어晉語〉에 "나무를 베는데 뿌리 부분부터 베지 않으면 반드시 다시 싹이 자란다.[伐木不自其本 必復生]"라고 하였다.

⇒ 나무[木]의 맨 아래 부분인 뿌리를 '一'로 표시하였다. 나무[木]의 위쪽 끝 역시 '가로획[一]'을 표시하여 '말末'자를 만들었다.

## 3. 窮(끝 궁)·極(끝 극)·終(마칠 종) : 끝, 마치다

① 窮 : 《설문해자》에 "궁窮은 끝이다.〔窮 極也〕"라고 하였다. 시간이나 행위의 종결을 의미한다.

→ 《순자荀子》 〈부국富國〉에 "사욕을 함부로 부리는데도 궁지에 몰리지 않는다면 민심이 들고 일어나니 그들을 기쁘게 할 수 없다.〔縱欲而不窮 則民心奮而不可說也〕"라고 하였다.

⇒ 굴〔穴〕 속으로 몸〔躳〕을 이끌고 끝까지 들어가는 것을 이른다.

② 極 : 《설문해자》에 "극極은 용마루이다.〔極 棟也〕"라고 하였다. 용마루는 지붕의 가운데 가장 꼭대기 끝에 있는 마루를 이른다. 뜻이 파생되어 '끝에 도달하다', '최고점에 도달하다'는 의미로, 거리의 끝을 말한다.

→ 《장자》 〈칙양則陽〉에 "공자가 초나라로 가다가 의구의 언덕에 있는 다점에 숙소를 정하여 묵었는데, 그 이웃집의 주인 부부와 남녀 하인들이 지붕 위에 올라가 지붕갈이를 하고 있었

다.〔孔子之楚 舍於蟻丘之漿 其鄰 有夫妻臣妾 登極者〕"라고 하였다.

⇒ 나무〔木〕로 만든 지붕의 끝〔亟〕을 이른다.

③ 終 : 《설문해자》에 "종終은 작은 실이다.〔終 絿絲也〕"라고 하였다.

→ 《논어》 〈위령공衛靈公〉에 "내가 일찍이 종일토록 먹지도 않고 밤새도록 눕지도 않고 생각해보니 유익함이 없었다. 배우는 것만 못하였다.〔吾嘗終日不食 終夜不寢 以思 無益 不如學也〕"라고 하였다.

⇒ 실〔糸〕은 계절의 끝인 겨울〔冬〕에 짠다. 《설문해자주》에 "《광운廣韻》에 '마침', '다함', '궁극', '끝'이다. 그 의미는 동冬으로 고쳐야 한다. 동冬은 네 계절의 끝이다.〔廣韻云 終極窮竟也 其義 改當作冬 冬者 四時盡也〕"라고 하였다.

## 4. 禁(금지할 금)·止(그칠 지) : 금지

① 禁 : 금禁과 지止는 모두 목적어를 수반하는데, 이때 이 두 글자의 용법은 조금 다르다. 금禁은 아직 일어나지 않은 일에 대한 경고의 의미가 강하다.

→ 《한비자》 〈심도心度〉에 "백성들을 다스리는 자는 싹트기 전에 간사함을 금지시켜야 한다〔治民者 禁姦於未萌〕"라고 하였다.

⇒ 신〔示〕의 영역인 성스러운 숲〔林〕에 함부로 다가가지 못하도록 '금지하다'는 의미를 가진다.

② 止 : 지止는 이미 발생한 일을 멈추도록 한다는 의미를 지닌다.

→ 《사기》 〈중니제자열전仲尼弟子列傳〉에 "자로가 나가기를 청하자 공자가 그를 말렸다.〔子路請出 孔子止之〕"라고 하였다.

⇒ 멈추고 있는 발의 모양을 본뜬 글자이다.

## 5. 假(거짓 가)·僞(거짓 위) : 거짓

① 假 : 비정상적이고 임시적인 의미를 가졌다.

→ 《위서魏書》〈효문제기孝文帝紀〉에 "여러 무당들이 거짓으로 귀신을 말하고 망령되이 길흉을 말한다.〔諸巫覡 假稱鬼神 妄說吉凶〕"라고 하였다.

⇒ 사람〔人〕이 자연에서 잠시 빌려와〔叚〕 사용하다는 뜻에서 '거짓', '기만'으로 의미가 파생되었다.

② 僞 : 인공적이고 인위적인 비자연적인 것, 명실이 상부하지 않는 거짓의 뜻으로 사용된다.

→ 《장자》〈도척盜跖〉에 "이 사람은 노나라 사기꾼 공구인가? 아닌가?〔此夫魯國之巧僞人孔丘 非邪〕"라고 하였다.

⇒ 사람〔人〕이 하는〔爲〕 것에서 '인위', '인공', '비자연' 등의 의미로 파생되었다.

## 6. 旦(아침 단)·朝(아침 조)·晨(새벽 신)·曉(새벽 효) : 아침, 새벽

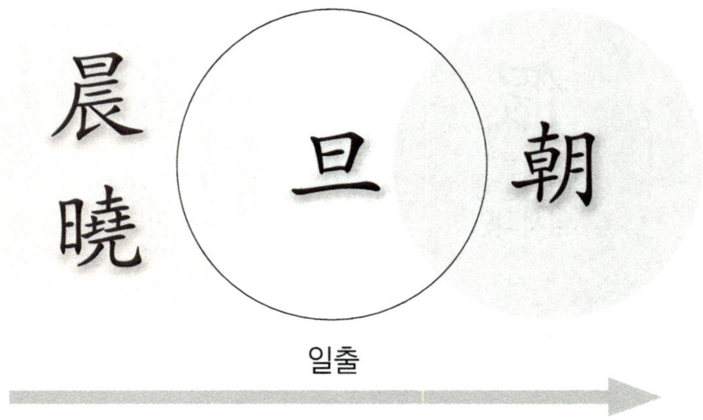


① 旦 : 지평선 위로 태양이 떠오르는 때를 가리킨다.

→ 《세설신어》 〈현원賢媛〉에 "밤새도록 담을 뚫고 그들을 엿보며 아침이 되도록 돌아갈 것을 잊었다.〔夜 穿墉以視之 達旦忘反〕"라고 하였다.

⇒ 지평선〔一〕 위로 막 떠오르는 태양〔日〕을 본뜬 글자로, 아직은 태양이 지평선과 완전히 분리되지 않은 이른 시간을 이른다.

② 朝 : 아침을 이른다.

→ 《서경》 〈무일無逸〉에 "아침부터 해가 기울어질 때까지〔自朝至于日中昃〕"라고 하였다.

⇒ 풀〔艸〕 사이로 해〔日〕와 달〔月〕이 동시에 떠 있는 아침시간을 이른다.

③ 晨 : 아침이나 닭이 우는 새벽 시간을 이른다.

→ 《예기》 〈곡례曲禮〉에 "저녁에는 이부자리를 정해드리고 새벽에는 문안을 살핀다.〔昏定而晨省〕"라고 하였다.

⇒ 해〔日〕가 뜰 때 농기구〔辰〕를 쥐고 농사를 지으러 집을 나서는 시간인 새벽 시간을 이른다.

④ 曉 : 날이 막 밝아오는 때인 새벽시간을 이른다.

→ 유영柳永의 〈우림령雨霖鈴〉에 "새벽바람 희미한 달〔曉風殘月〕"이라고 하였다.

⇒ 해〔日〕가 높이〔堯〕 떠오르는 새벽시간을 이른다.

## 7. 期(기약할 기)·朞(기약할 기) : 기약하다

① **期** : 기朞와 동일한 자원을 가진 글자로 한정된 시간이나 약정된 시간을 가리킨다.

→ 《시경》〈왕풍王風 군자우역君子于役〉에 "군자(남편)는 부역 나가 돌아올 기약조차 모르겠네.〔君子于役 不知其期〕"라고 하였다.

⇒ 발음을 결정한 기其와 고정되지 않고 날마다 모양이 변하는 달〔月〕을 기준으로 약속이 가능한 시점을 결정함을 이른다.

② **朞** : 《설문해자》에 "기朞는 때가 되돌아옴을 이른다.〔朞 復其時也〕"라고 하였다.

→ 《춘추좌씨전》 희공僖公 8년에 "만 1년이 되면 적이 반드시 이른다.〔朞年 狄必至〕"라고 하였다.

⇒ 달〔月〕이 한 바퀴 도는 것처럼 처음 출발점으로 되돌아오는 시간을 이른다.

○ '기期'가 약속된 시간을 가리킨다면 '기朞'는 어떠한 시간으로 되돌아옴을 말한다.

## 8. 夕(저녁 석)·夜(밤 야)·宵(밤 소) : 저녁, 밤

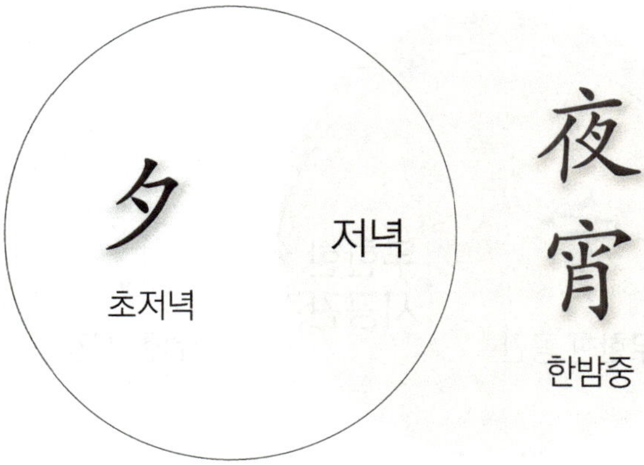


① 夕 : 《정자통正字通》에 "석夕은 해가 막 지는 시간이다.〔夕 日始入時也〕"라고 하였다.

→ 《설문해자》에 "석夕은 저녁이다.〔夕 莫也〕"라고 하였다.

⇒ 막 지기 시작하는 초승달의 모양을 본떴다.

② 夜 : 《설문해자》에 "야夜는 '쉬다'이다. 천하 사람들이 휴식한다는 뜻이다.〔夜 舍也 天下休舍〕"라고 하였다.

→ 《춘추좌씨전》 장공莊公 7년에 "신묘의 밤에 항성이 보이지 않았다.〔辛卯夜 恒星不見〕"라고 하였다.

⇒ 달〔月〕이 떠 있는 밤에 사람〔大〕이 거닐고 있는 모습을 본떴다.

③ 宵 : 《설문해자》에 "소宵는 밤이다.〔宵 夜也〕"라고 하였다. 해가 지고 달빛이 비치는 시간을 말한다.

→ 《시경》 〈빈풍豳風 칠월七月〉에 "낮에는 띠풀을 베어오고 밤에는 새끼를 꼬네.〔晝爾于茅 宵爾索綯〕"라고 하였다.

⇒ 달〔月〕 뜨는 밤이면 바깥활동이 줄고〔小〕 집〔宀〕에서 생활하는 시간이 많아지는 것을 이른다.

## 9. 宇(집 우)·宙(집 주) : 집

① 宇 : 《설문해자》에 "우宇는 집의 가장자리이다.〔宇 屋邊也〕"라고 하였는데, 오늘날 지붕의 끝부분인 처마를 말한다. 이후 세상을 덮고 있는 끝없는 우주의 공간적인 의미로 쓰였다.

→ 《의례》 〈사상례士喪禮〉에 "집의 서쪽 섬돌 위에 두었다.〔置於宇西階上〕"라고 하였다.

⇒ 추위와 더위를 피하기 위한 가장 기본적인 집의 구조인 지붕〔宀〕과 발음을 결정한 우于가 합쳐졌다.

② 宙 : 《광아廣雅》 〈석고釋詁〉에 "주宙는 사는 곳이다.〔宙 居也〕"라고 하여, 사람이 거주하는 곳을 말한다. 이후 세상을 덮고 있는 끝없는 우주라는 시간적 의미로 쓰였다.

→ 《설문해자》에 "주宙는 배와 수레가 왔다가 되돌아가는 것이다.〔宙 舟輿所極覆也〕"라고 하였다.

⇒ 집〔宀〕의 뜻과 발음을 결정한 유由가 합쳐졌다.

○ '우宇'와 '주宙'는 이후 무한한 공간과 시간을 가리키는 말로 쓰인다. 《회남자淮南子》 〈제속齊俗〉에 "예로부터 지금에 이르기까지를 '주宙'라고 하고, 동서남북과 위와 아래를 '우宇'라고 한다.〔往古來今 謂之宙 四方上下 謂之宇〕"라고 하였다.

## 10. 處(처할 처)·所(곳 소) : 장소, 곳

① 處 : 《설문해자》에 "처處는 '멈추다'이다.〔處 止也〕"라고 하였다.

→《주역》〈계사전 하繫辭傳 下〉에 "상고시대 사람들은 굴에서 살고 들판에서 거처하였다.〔上古 穴居而野處〕"라고 하였다.

⇒ 호랑이〔虎〕가 받침대〔几〕에 걸치고 앉아 거처하고 있는 상황을 본떴다. 여기서 그 뜻이 파생되어 추상적인 의미로 어떠한 지위에 처함, 사물이 어떠한 위치에 놓여 있음을 나타낸다.

② 所 : 《설문해자》에 "소所는 벌목하는 소리이다.〔所 伐木聲也〕"라고 하였다. 《광운廣韻》〈석고釋詁〉에 "소所는 거처이다.〔所 居也〕"라고 하여 소所를 '거처'의 의미로 풀이하였는데, 이는 처處와 소所가 발음이 유사한데서 빚어진 결과이다.

→《논어》〈위정爲政〉에 "한 사람의 행위를 보고 그 연유를 살피고, 그가 편안히 여기는 바를 관찰하면 사람이 어찌 자신을 숨기겠는가? 사람됨이 어찌 자신을 숨기겠는가?〔視其所以 觀其所

由 察其所安 人焉廋哉 人焉廋哉〕"라고 하였다.

⇒ 항상 사용하는 도구인 도끼〔斤〕를 집〔戶〕 가까운 곳에 둠을 이른다.

○ '처處'는 추상적인 의미, '소所'는 구체적인 위치나 장소를 나타내는 말로 사용되었다. 또한 소所는 동사의 앞에 위치하여 뒤에 오는 동사를 명사화시키는 역할을 한다.

## 11. 星(별 성)·辰(별 진)·宿(별자리 수) : 별

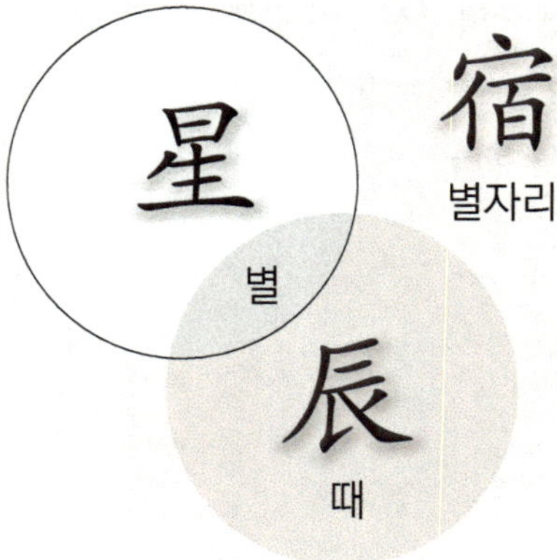


① 星 : 《설문해자》에 "만물의 정기가 위로 올라가 열성이 된다.〔萬物之精 上爲列星〕"라고 하였다. 성星은 밤하늘에 반짝이는 별이지만 옛사람들은 만물의 정기가 모여 하늘에 나타난다고 여겼다.

→ 《춘추좌씨전》 장공莊公 7년에 "여름 4월 신묘일 밤에 항성이 보이지 않았다.〔夏四月 辛卯 夜 恒星不見〕"라고 하였다.

⇒ 하늘 위에서 반짝이는 별〔日〕과 발음을 결정한 생生이 합쳐졌다.

② 辰 : 《춘추좌씨전》 소공昭公 원년에 "후제가 어질지 못하다고 여겨 알백을 상구로 옮겨 진성辰星의 제사를 주관하게 하니 상나라 사람들이 인습하여 진성辰星을 '상성商星'이라고 하였다.〔后帝不藏 遷閼伯于商丘 主辰 商人是因 辰爲商星〕"라고 하였는데, 이때에도 벌써 별자리의 의미로 쓰고 있었다.

→ 《논어》 〈위정爲政〉에 "비유하자면 북극성이 제자리를 잡고 있으면 뭇별들이 그것을 공존共尊하는 것과 같다.〔譬如北辰 居其所

而衆星共之〕"라고 하였다.

⇒ 농기구로 사용하던 조개껍질의 모양을 본뜬 글자였으나, 후에 이 농기구인 진辰을 사용하는 '시간'이나 '때'의 의미로 분화되었고, 별자리의 이동으로 시간을 알려주는 데서 '별'의 의미로 분화되었다.

③ 宿 : 《석명釋名》 〈석천釋天〉에 "수宿는 '머물다'는 뜻으로, 별들이 각지 제자리에 머물러 있다는 뜻이다.〔宿 宿也 星各止宿其處也〕"라고 하였다. 고대에는 해와 달과 다섯 별들의 무리가 일정한 궤도 위에서 운행한다고 여겨 '수宿'라고 하였다.

→ 《사기》 〈천관서天官書〉에 "하늘에는 열성이 있고 땅에서는 주성이 있다.〔天則有列宿 地則有州城〕"라고 하였다.

⇒ 집안〔宀〕에 자리〔百〕를 깔고 누워서 잠을 자는 사람〔亻〕의 모습을 본떴다.

○ '진辰'과 '수宿'는 모두 별자리를 이르는 말로, '진辰'자가 먼저 별의 의미로 쓰이다가 전국시대 이후 수宿의 출현으로 '진辰'자가 별자리의 뜻으로 사용되는 빈도가 점점 줄어들었다.

## 12. 中(가운데 중)·央(가운데 앙) : 중앙

中

央

① 中 : 《설문해자》에 "중中은 '안'이다.〔中 內也〕"라고 하여, 일정한 한계나 일정한 범위의 한쪽을 가리키는 말이다.

→ 《한비자》 〈오두五蠹〉에 "밭 가운데 그루터기가 있었는데, 토끼가 뛰어가다가 그루터기에 부딪쳐 목이 부러져 죽었다.〔田中有株 兎走觸株 折頸而死〕"라고 하였다.

⇒ 어떠한 지역〔口〕의 가운데에 꽂아 놓은 깃발의 모양을 본떴다.

② 央 : '가운데', '중간'의 의미이다. 일반적으로 양쪽 끝이나 네모난 물건의 가운데에 해당하는 위치를 이른다.

→ 《시경》 〈소아小雅 정료庭燎〉에 "밤이 얼마나 되었나? 아직 한밤중이 되지 않았네.〔夜如何 夜未央〕"라고 하였다.

⇒ 목 가운데 커다란 칼〔冂〕을 차고 있는 사람〔大〕의 모습을 본떴다.

## 13. 光(빛 광)·景(볕 경)·輝(빛날 휘)·曜(빛날 요) : 빛, 빛나다

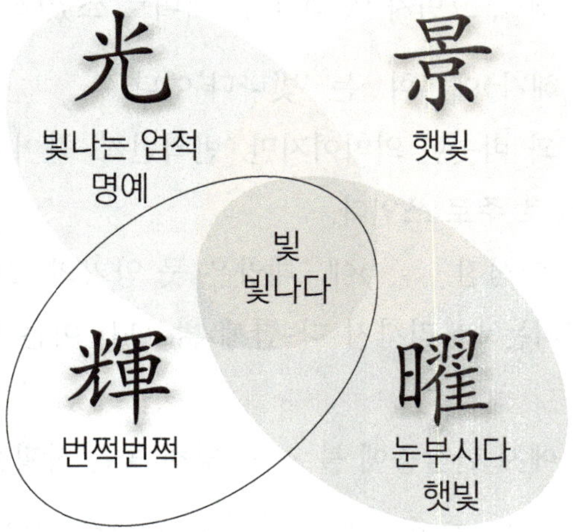


① 光 : 《설문해자》에 "광光은 '밝음'이다.〔光 明也〕"라고 하였다. 처음에는 불빛〔火光〕의 뜻으로 쓰이다가 '물건이 빛나다'는 의미로 분화되었다. 이후 발광체에서 나는 빛뿐 아니라 빛나는 업적이나 아름다운 덕을 이르는 영광榮光의 경우처럼 영예로움을 이르는 말에도 쓰이게 되었다.

→ 《시경》 〈제풍齊風 계명鷄鳴〉에 "동쪽이 밝아오는 것이 아니라 달빛이 비치는 것이겠지.〔匪東方則明 月出之光〕"라고 하였다.

⇒ 사람〔儿〕이 불〔火〕을 들고 있는 모습을 본뜬 글자이다.

② 景 : 《설문해자》에 "경景은 햇빛이다.〔景 日光也〕"라고 하였다. 광光이 '불빛에서 발생하는 빛'을 말한다면 경景은 '햇빛의 빛'을 이른다.

→ 《순자》 〈부국富國〉에 "세 덕이 위(군주)에서 진실해지면 아래(백성)에는 그림자나 메아리처럼 호응한다.〔三德者誠乎上 則下應之如景影嚮〕"라고 하였다.

⇒ 높이〔京〕 떠 있는 태양〔日〕에서 나는 빛을 말한다. 때문에 고대에는 햇빛이 비치면 그림자가 생기는 것은 당연하다고 여겼기 때문에 '영影, 그림자 영'과 같은 의미로 쓰였다.

③ 輝 : 《설문해자》에 "휘輝는 '빛나다'이다.〔輝 光也〕"라고 하였다. 휘輝는 광光과 비슷한 의미이지만 '번쩍번쩍' 불이 빛나는 모양을 본뜬 형용사로 주로 쓰인다.

→ 《한서》 〈이심전李尋傳〉에 "태양은 뭇 양기의 으뜸으로 찬란한 빛이 비치는 만 리까지 다 함께 밝으니, 이는 인군의 표상이다.〔夫日者 衆陽之長 輝光所燭 萬里同晷 人君之表也〕"라고 하였다.

⇒ 군대〔軍〕에서 한밤중에 불〔火〕을 밝혀 놓은 상황을 이른다.

④ 曜 : 《석명釋名》 〈석천釋天〉에 "요曜는 '빛나다'이다. 빛이 밝게 빛나는 것이다.〔曜 輝也 光明照輝也〕"라고 하였다. 처음에는 불이나 전기 등에서 강하게 번쩍이는 빛을 모두 이르는 말로 쓰이다가, 이후 명사화되어 눈을 부시게 하는 빛이라는 의미로 쓰이게 되었다. 경景이 경물景物의 의미로 그 뜻이 파생되어 쓰이게 되자 요曜가 점점 햇빛의 의미로 쓰이게 되었다. 그래서 태양신을 '요령曜靈'이라고 한다.

→ 범중엄范仲淹의 〈악양루기岳陽樓記〉에 "해와 별이 빛을 감추고 산악이 모습을 감추었다.〔日星隱曜 山岳潛形〕"라고 하였다.

⇒ 날아가는 꿩의 깃〔翟〕이 햇빛〔日〕을 받아 반짝이는 모습을 이른다.

## 14. 飄(회오리바람 표)·飆(폭풍 표) : 회오리바람

① 飄 : 《설문해자》에 "표飄는 '회오리바람'이다.〔飄 回風也〕"라고 하였다.

→ 《장자》 〈천하天下〉에 "마치 세찬 바람이 회오리쳐 도는 것 같기도 하고, 깃털이 빙글빙글 돌며 떨어지는 것 같기도 하다.〔若飄風之還 若羽之旋〕"라고 하였다.

⇒ 빠르게〔票〕 휘감아 돌며 부는 바람〔風〕을 이른다.

② 飆 : 《설문해자》 "표飆는 '회오리바람'이다.〔飆 扶搖風也〕"라고 하였다.

→ 《후한서》 〈장홍전臧洪傳〉에 "누런 수건을 머리에 맨 도둑들이 곳곳에서 회오리바람처럼 일어났다.〔黃巾群盜 處處飆起〕"라고 하였다.

⇒ 여러 마리의 개〔犬〕가 한꺼번에 내달리듯 세차게 부는 회오리바람〔風〕을 이른다.

○ '표飄'와 '표飆'는 모두 '회오리바람'과 '세찬바람'이라는 뜻으로 쓰이다가 후대에 표飄는 바람에 '흔들리다'는 뜻으로, 표飆는 미친 듯이 부는 광풍〔狂飆〕의 뜻으로 분화되어 쓰이게 되었다.

## 15. 坑(구덩이 갱)·坎(구덩이 감) : 구덩이

① 坑 : 항阬으로도 쓰는데, 《이아》 〈석고釋詁〉에 "갱坑은 비어 있는 곳이다.〔阬 虛也〕"라고 하여 구덩이의 빈 부분을 뜻한다. 《육서고六書攷》에 "갱坑은 언덕 사이에 움푹 파여 물이 흘러가는 곳으로 골짜기의 작은 곳을 '갱坑'이라고 한다.〔坑 阜間窊濆 水所走也 谷之小者曰 坑〕"라고 하였다. 학壑(골짜기), 택澤(못) 등과 연용하여 주로 쓰였는데, 크고 깊은 골짜기와 같이 자연적으로 만들어진 구덩이를 가리킨다.

→ 《삼국지》 〈오서吳書 제갈각전諸葛恪傳〉에 "오나라 병사들이 몸을 이끌고 길을 떠돌아다니다가 골짜기에서 넘어지기도 하였다.〔吳士卒 流曳道路 或頓仆坑壑〕"라고 하였다.

⇒ 땅〔土〕이 움푹 파인 구덩이와 발음을 결정한 항亢이 합쳐졌다.

② 坎 : 감埳으로도 쓰며, 《설문해자》에 "감埳은 '구덩이'이다.〔埳 陷也〕"라고 하였다.

→《순자》〈정론正論〉에 "우물 안의 개구리와는 동해의 즐거움을 함께 말할 수 없다.〔坎井之蛙 不可與語東海之樂〕"라고 하였다.

⇒ 땅〔土〕이 마치 사람이 입을 크게 벌리고 있는〔欠〕 것처럼 생긴 곳을 이른다.

○ 고대의 '감坎'은 대체로 오늘날의 '갱坑'과 같은 뜻으로 썼으며, 사람이 만든 인공적인 구덩이를 가리킨다.

## 16. 谷(계곡 곡)·壑(골짜기 학) : 계곡, 골짜기

① 谷 : 골짜기 사이로 물이 흐르는 곳을 가리킨다. 《이아》 〈석수釋水〉에 "물이 시내로 흐르는 것을 '계溪'라고 하고 골짜기로 흐르는 것을 '곡谷'이라고 한다.〔水注川曰 溪 注溪曰 谷〕"라고 하였다. 처음에는 곡谷의 규모가 작았지만 후대에 갈수록 규모가 확장되어 두 산의 골짜기 사이를 '곡谷'이라고 하였다.

→ 한유韓愈의 〈송이원귀반곡서送李愿歸盤谷序〉에 "이 골짜기는 거처가 깊고 형세가 험하다.〔是谷也 宅幽而勢阻〕"라고 하였다.

⇒ 물〔水〕이 흐르고 있고 모양이 마치 입을 벌린〔口〕 것과 같은 골짜기를 이르게 되었다. 이후 곡谷은 물이 확보되어 사람이 살 수 있는 곳인 '마을'의 의미로 쓰이기도 하였다.

② 壑 : 《설문해자》에 "학壑은 도랑이다.〔壑 沟也〕"라고 하여 곡谷과 매우 뜻이 매우 흡사하지만, 곡谷이 물이 흐르는 골짜기라면 학壑은 물이 흐르지 않는 마른 골짜기를 말한다.

→ 《국어》 〈진어晉語〉에 "골짜기에 계곡물은 채울 수 있더라도, 이 아이의 욕심은 채우지 못할 것이다.〔溪壑可盈 是不可饜也〕"라고 하였다.

⇒ 흙〔土〕이 깊게 파인 산골짜기〔叡〕를 말한다.

## 17. 邊(가 변)·境(변경 경) : 주변, 가장자리

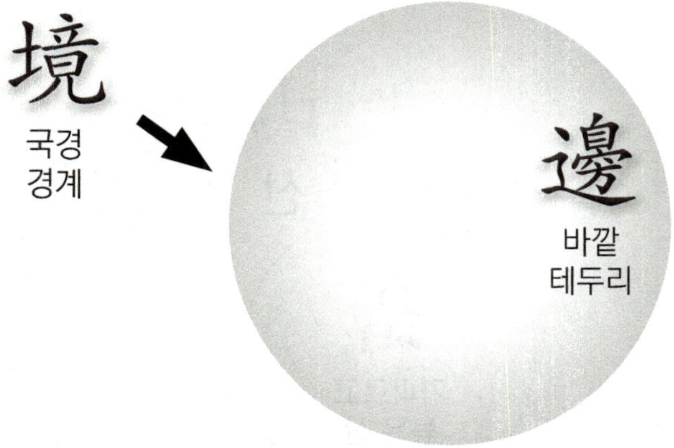


① 邊 : 나라의 바깥 테두리를 이르는 말로, 나라의 안쪽과 상대되는 말이다.

→《한서》〈진탕전陳湯傳〉에 "원사로 달아나 감히 변경을 가까이 하지 못할 것이다.〔遁逃遠舍 不敢近邊〕"라고 하였다.

⇒ 나라 안에서 거리〔辶〕가 아주 멀어 보이지 않는〔臱, 보이지 않을 변〕 먼 곳을 이른다.

② 境 : 처음에는 경竟에서 파생된 글자였다.

→《염철론鹽鐵論》〈이의利議〉에 "흉노를 정벌하여 변경을 안정시킬 원대한 계책〔遠圖伐匈奴安邊境之策〕"이라고 하였다.

⇒ 경竟은 입에 악기를 물고 있는 모양을 본뜬 글자로 한 악곡을 '마치다'는 뜻에서 파생되었다. 한 나라의 땅〔土〕이 마치는 곳〔竟〕인 '국경'의 뜻으로 파생되었다.

○ '변邊'은 변방의 먼 지대를 가리키는 말로 이웃 나라의 국경을 포함하고 있다. 그러나 '경境'은 나라의 경계선이나 경계를 구획하는 선만을 가리킨다. 그래서 '변읍邊邑', '변새邊塞', '변비邊備'라고 하고, '월경越境', '국경國境'이라고 한다.

## 18. 山(산 산)·岳(큰산 악) : 산

山
산

岳
가파르고
높은 산

① 山 : 예나 지금이나 의미의 변화가 없다. 그러나 학술상으로는 고도 320m 이상을 산이라고 하지만 옛날이나 지금이나 이러한 규정에 얽매이지 않고 작은 것은 언덕, 이보다 큰 것을 '산山'이라고 하였다.

→《순자》〈유효儒效〉에 "흙이 쌓여 산이 되고 물이 쌓여 바다가 된다.〔積土而爲山 積水而爲海〕"라고 하였다.

⇒ 세 개의 봉우리를 가진 산의 모습을 본떴다.

② 岳 : 본래 중국 고대에서는 지경地境 안에서 가장 높은 몇 개의 산을 '악岳'이라고 하였다. 때문에 '사악四岳', '오악五岳' 등으로도 불린다.

→《시경》〈대아大雅 숭고崧高〉에 "높고 큰 산이 하늘까지 치솟았도다.〔崧高維岳 駿極于天〕"라고 하였다.

⇒ 도끼〔斤〕로 쪼갠 듯 가파르고 높은 산〔山〕을 말한다.

## 19. 太(클 태)·泰(클 태) : 크다

太 泰

크다

岳

가장 크다
(최상급)

① 太 : 《광운廣韻》에 "태太는 '크다'이다.〔太 大也〕"라고 하였다. 본래는 태太와 대大가 같은 뜻으로 쓰였던 글자임을 알 수 있다. 《광운增韻》에 "경사經史에 옛날의 '태太'자에는 점이 없었으나 후세 사람들이 점을 더한 것은 조금 크다는 뜻의 '대大'자와 구별을 짓기 위함이다.〔經史古太字無點 後人加點 以別小大之大〕"라고 하였다.

→ 《시경》 〈당풍唐風 실솔蟋蟀〉에 "너무 안일함은 없을까. 맡은 일 생각해야지.〔無已大康 職思其居〕"라고 하였다.

⇒ 팔을 벌리고 있는 사람의 모습〔大〕에 중문부호〔丶〕를 찍어 매우 큼을 이른다. 일반적으로 대大는 '크다', 태太는 태양太陽의 경우처럼 최상급의 뜻으로 쓰인다.

② 泰 : 태산의 이름으로 중국 사람들의 숭배의 대상으로 오악五岳 가운데 가장 으뜸으로 여겼다. 원래는 '대산大山'이라는 뜻으로 높고 위대한 산이라는 뜻을 가졌다가 뒤에 태산泰山으로 이름이 바

꿔었다.

→ 《장자》 〈제물론齊物論〉에 "천하에 가을 털끝보다 큰 것은 없고 태산도 작은 것이 된다.〔天下 莫大於秋毫之末 而太山爲小〕"라고 하였다.

⇒ 손〔廾〕으로 물〔水〕을 떴지만 크게〔大〕 손가락 사이로 빠져 나가는 것에서 '크다'는 의미를 가졌다.

## 20. 江(강 강)·河(강 하) : 강

① 江 : 진한秦漢 이전에는 강江과 하河는 일반적인 강이 아니라 양자강과 황하에 국한하여 쓰이던 글자였다. '강江'자는 《춘추좌씨전》에 10번 이상 나오는데, 나라 이름을 제외하고는 모두 양자강을 가리킨다.

→ 《순자》 〈자도子道〉에 "옛날 양자강은 민산에서 시작되었다.〔昔者 江出于岷山〕"라고 하였다.

⇒ 물〔氵〕이 흐르는 강이라는 뜻과 발음을 결정한 공工이 합쳐졌다.

② 河 : 《춘추좌씨전》에 78번 이상 나오는데, 모두 황하를 가리킨다.

→ 《한서》 〈공신표功臣表〉에 "설령 황하가 띠처럼 가늘어지고 태산이 숫돌처럼 작아지더라도,…〔使黃河如帶 泰山若厲〕"라고 하였다.

⇒ 물〔氵〕이 흐르는 강이라는 뜻과 발음을 결정한 가可가 합쳐졌다.

○ '강江'은 '양자강', '하河'는 '황하'를 이른다. 그래서 강江으로 유입되는 물줄기를 한강漢江, 상강湘江, 원강沅江이라고 하고, 하河로 유입되는 물줄기를 위하渭河, 장하漳河, 분하汾河라고 한다.

## 21. 淵(못 연)·潭(못 담) : 깊은 물, 못

淵

깊은 물

潭

못

① 淵 : 소용돌이치며 흐르는 깊은 물을 이른다. 《설문해자》에 "연淵은 소용돌이치는 물이다.〔淵 回水也〕"라고 하였다. 지금은 연못의 의미로 쓰이지만 원래는 깊은 물이 휘감아 돌며 흐르는 물을 이른다.

→ 《시경》 〈소아小雅 소민小旻〉에 "조심조심하다. 깊은 물가를 걷는 듯, 얇은 얼음을 밟는 듯.〔戰戰兢兢 如臨深淵 如履薄冰〕"라고 하였다.

⇒ 물을〔氵〕 가두어〔困〕 둔 못을 이른다.

② 潭 : 선진先秦시대에는 매우 드물게 보이다가 한나라 이후 점점 나타나기 시작한다. 원래 연淵과 담潭은 옛날 발음이 비슷하여 뜻도 비슷하게 쓰이는데, 《광아廣雅》 〈석수釋水〉에 "담潭은 못이다.〔潭 淵也〕"라고 하였다.

→ 유종원柳宗元의 〈지소구서소석담기至小邱西小石潭記〉에 "못에 물고기가 백 여 마리이다.〔潭中魚可百許頭〕"라고 하였다.

⇒ 물〔水〕이 깊은〔覃〕 못을 이른다.

○ 황하유역에서는 못을 '연淵', 양자강 유역에서는 '담潭'이라고 불렀다.

## 22. 海(바다 해)·洋(큰 바다 양) : 바다

① 海 : 양洋의 각 주변부를 이르는 말이다. 중국은 동쪽과 동북쪽, 동남쪽이 모두 바다에 맞닿아 있어 중국이 세상의 중심이라는 의식이 있었다. 이 때문에 천하를 '해내海內'라고 한다.

→ 《장자》 〈추수秋水〉에 "중국이 해내에 있는 크기를 헤아려 보면, 한 알의 곡식이 큰 창고에 있는 것과 비슷하지 않겠는가? [計中國之在海內 不似稊米之在太倉乎]"라고 하였다.

⇒ 모든 물을[氵] 받아들이는 어머니와[每] 같은 존재임을 뜻한다.

② 洋 : 처음에는 물의 기세가 큰 강을 이르는 말이었다. 이후 양洋이 바다보다 더 큰 물을 이르는 뜻은 해양사업이 발달한 뒤의 일이었다.

→ 《시경》 〈위풍衛風 석인碩人〉에 "하수는 넘실거리며 북쪽으로 콸콸 흐르네. [河水洋洋 北流活活]"라고 하였다.

⇒ 물이[氵] 양떼[羊]처럼 넘실대는 것을 이른다.

## 23. 波(물결 파)·浪(물결 랑) : 물결

① 波 : 물 위로 잔잔하게 끊임없이 이는 물결이나 이러한 현상을 이른다. 때문에 "한쪽 물결이 가라앉기도 전에 한쪽 물결이 또 일어난다.〔一波未平 一波又起〕"라고 할 때의 파波는 랑浪으로 바꾸어 쓸 수가 없다. 선진先秦시대에는 대부분 동사로 쓰여 바람이나 각종 진동으로 인해 일어나는 수면의 기복을 이르는 말로 쓰였다. 때문에 전파電波, 파급波及 등으로 쓰지 전랑電浪, 낭급浪及으로는 쓰지 않는다.

→《장자》〈외물外物〉에 "흰 파도는 마치 산과 같다.〔白波若山〕"라고 하였다.

⇒ 물〔氵〕의 겉〔皮〕에 일어나는 파도를 이른다.

② 浪 : 위로 치솟는 물결을 이른다. 랑浪은 주로 동사로는 쓰이지 않고 형용사로 유탕流蕩이나 방종放縱의 의미로 쓰인다. 그래서 '낭인浪人'이라고 쓰지 '파인波人'으로는 쓰지 않는다.

→《남사南史》〈종각전宗慤傳〉에 "장풍을 타고 만리의 파도를 부수고 〈나아가기를〉 원한다.〔願乘長風 破萬里浪〕"라고 하였다.

⇒ 물〔氵〕의 뜻과 발음을 가진 량良이 합쳐졌다.

## 24. 沙(모래 사)·砂(모래 사) : 모래

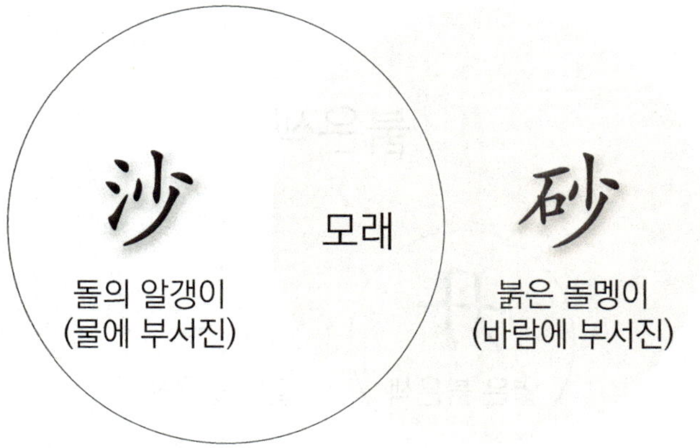


① 沙 : 《설문해자》에 "사沙는 물에 부서진 돌이다.〔沙 水散石也〕"라고 하여, 작게 부서진 돌알갱이를 이른다.

→ 《한서》 〈소건전蘇建傳〉에 "만리를 가로 질러 사막을 건넜다.〔徑萬里兮度沙漠〕"라고 하였다.

⇒ 물〔氵〕로 인하여 작아진〔少〕 모래를 이른다.

② 砂 : 사沙의 이체자이기는 하지만, 단사丹砂, 주사朱砂의 경우에는 '사砂'자를 쓰고 '사沙'자를 쓰지 않는다. 이는 일반적인 돌이 아닌 '붉은 돌멩이'인 주사朱砂를 구별하기 위함이다.

→ 《한서》 〈고조기高祖紀〉에 "거센 바람이 서북쪽에서 일어 지붕이 날아가고 나무가 꺾였으며 모래가 날려 대낮에도 어두웠다.〔大風 從西北起 發屋折木 揚砂石 晝晦〕"라고 하였다.

⇒ 작은〔少〕 돌〔石〕 알갱이를 이른다.

## 25. 丹(붉을 단)·朱(붉을 주) : 붉다

### 붉은색

丹
옅은 붉은색

朱
짙은 붉은색

① 丹 : 《설문해자》에 "파월에서 나는 붉은 돌이다. 붉은 돌〔丹〕을 캐는 우물의 모양을 본떴고, '주丶'는 붉은 돌〔丹〕의 모양을 본떴다.〔巴越之赤石也 象采丹井 丶 象丹形〕"라고 하였다. 단丹은 색깔로 말하자면 선홍색으로 적赤보다는 옅은 붉은색이다.

→ 《사기》 〈식화열전殖貨列傳〉에 "파촉의 과부 청淸은 그 선조가 나는 굴을 차지하고 이익을 독점해왔다.〔巴寡婦淸 其先得丹穴而擅其利〕"라고 하였다.

⇒ 우물〔井〕처럼 깊은 구덩이에서 붉은〔丶〕 단사丹砂의 모양을 본떴다.

② 朱 : 《광아廣雅》 〈석기釋器〉에 "주朱는 적색이다.〔朱 赤也〕"라고 하였는데, 적赤보다는 진한 심홍색이다.

→ 두보杜甫의 〈자경부봉선현영회自京赴奉先縣詠懷〉에 "부유한 집에는 술과 고기 냄새가 진동하고 길에는 얼어 죽은 사람의 뼈

가 널렸네.〔朱門酒肉臭 路有凍死骨〕"라고 하였다.

⇒ 나무〔木〕의 심지가 붉은〔丶〕 주목朱木을 이른다.

○ 이외에도 광물과는 무관하지만 위와 동일한 빛깔을 가진 '적赤'이 있는데, 이는 일반적인 붉은 색깔을 가리킨다. 적赤은 사람〔大〕이 불〔火〕 위에서 화형 당하는 모습으로, 붉은 불빛을 본떴다.

## 26. 樹(심을 수)·木(나무 목) : 나무, 심다

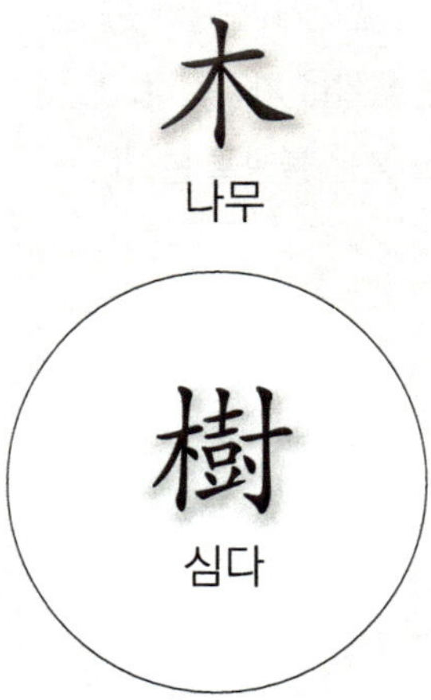


① 樹 : 원래 '나무를 심다'는 뜻의 동사로 쓰인데서 파생되어 수덕樹德의 경우처럼 '~수립하다'는 뜻으로 쓰이게 되었다. 이러한 용법은 이미 춘추전국시대부터 존재해 왔다.

→ 《맹자》〈양혜왕 상梁惠王 上〉에 "다섯 묘의 집에는 뽕나무를 심는다.〔五畝之宅 樹之以桑〕"라고 하였다.

⇒ 나무〔木〕를 곧고 바르게 세워〔尌〕 심는다는 의미를 가졌다.

② 木 : 수목樹木의 뜻에서 뜻이 확대되어 '나무를 재료로 한 목재'라는 뜻으로도 쓰였는데, 이러한 용례는 이미 춘추전국시대에도 있었다.

→ 《춘추좌씨전》 성공成公 2년에 "곁마가 나무에 걸려 멈추었다.〔驂絓於木而止〕"라고 하였다.

⇒ 나뭇가지와 뿌리를 본뜬 상형자이다.

## 27. 古(옛 고)·故(옛 고) : 옛날

① 古 :《정자통正字通》에 "고古는 먼 시대이다.〔古 遠代也〕"라고 하였다. 고古는 오래전 과거의 연대를 이르며 금今의 반의어이다.

→《논어》〈술이述而〉에 "옛 것을 전술하기만 하고 창작하지 않으며 옛 것을 믿고 좋아한다.〔述而不作 信而好古〕"라고 하였다.

⇒ 10대十代의 시간 동안 입에서 입으로〔口〕 전해 내려오는 오래된 이야기를 이른다.

② 故 :《광운廣韻》에 "고故는 '오래되다'이다.〔故 舊也〕"라고 하였다. 고故는 지금부터 지난 과거의 시간을 이르는 말로 신新의 반의어이다.

→《논어》〈위정爲政〉에 "옛 것을 익히고 새로운 것을 안다.〔溫故而知新〕"라고 하였다.

⇒ 회초리로 때려〔攵〕 옛날〔古〕의 풍습으로 되돌리려는 고의성을 가진 행동에서 '지난 시간'의 뜻을 가졌다.

## 28. 楊(버들 양)·柳(버들 류) : 버드나무

① 楊 : 류柳와 동일한 의미를 가져 옛날에는 주로 연용하여 '양류楊柳'라고 썼다. 《본초》 〈류柳〉에 "양楊은 가지가 단단하여 위로 치솟기 때문에 '양楊'이라고 한다.〔楊 枝硬而揚起 故謂之楊〕"라고 하여, 명나라 이후에는 나무의 형태를 근거로 양楊과 류柳를 구분하였지만 명확하게 나누어지지 않는다.

→ 《한서》 〈매승전枚乘傳〉에 "양유기는 초나라의 활을 잘 쏘는 사람이다. 떨어지는 버드나무 잎을 백보 밖에서 쏘아도 백발백중이었다.〔養由基 楚之善射也 去楊葉者 百步而射之 百發百中〕"라고 하였다.

⇒ 양기〔昜〕를 받아 위로 자라는 나무〔木〕를 이른다.

② 柳 : 《본초강목》 〈류柳〉에 "류柳는 가지가 약하여 드리우기 때문에 '류柳'라고 한다.〔柳 枝弱而垂流 故謂之柳〕"라고 하였다.

→ 소강蕭綱의 〈춘일상상림春日想上林〉에 "버들〔柳〕가지는 늘 땅에

붙어 있고, 버들〔楊〕개지는 옷 위에 잘 오른다.〔柳條恒着地 楊花好上衣〕"라고 하였다.

⇒ 물기가 많은 나무〔木〕로 나뭇가지에서 껍질이 잘 벗겨지는〔卯〕 특징을 가지고 있다.

○ 예전 작품에 등장하는 '양楊'은 황하 이북지방의 추운 지방에서 자라는 나무로 양자강 일대에서는 매우 드물게 보였다. 그래서 남방의 풍물을 읊은 시에서 보이는 '양楊', '양류楊柳', '양화楊花', '양서楊絮' 등은 대부분 실제상 '류柳', '유서柳絮'를 이른다. 예컨대 《시경》〈진풍秦風 거린車隣〉에 "산비탈에는 뽕나무가 있고 습지에는 버드나무가 있도다.〔阪有桑濕有楊〕"라는 구절의 양楊은 '류柳'의 뜻이다. 이는 류柳가 습한 지역에서 자라기 때문이다.

## 29. 茶(차 차)·茗(차 명) : 차

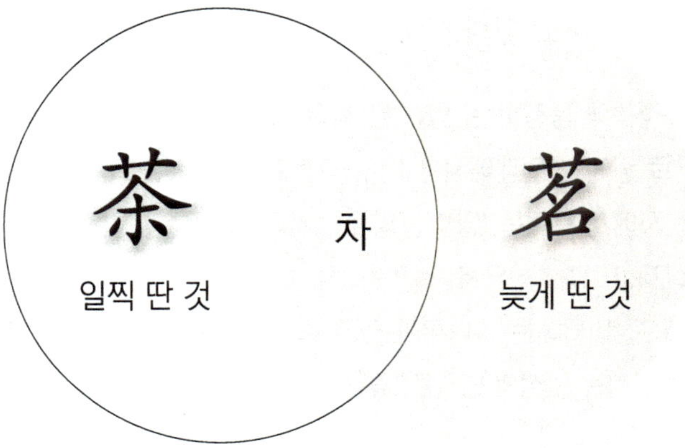


① 茶 : 육조六朝시대 이후 보급되기 시작하여 한나라 때 이미 습관적으로 차를 마시는 풍습이 형성되었다.

→ 왕포王褒의 〈동약僮約〉에 "무도에서 차를 샀다.〔武都買茶〕"라고 하였다.

⇒ 뜻을 결정한 초艸와 발음을 결정한 도荼가 합쳐진 글자이다.

② 茗 :《정자통正字通》에 "명茗은 차의 다른 이름이다.〔茗 茶別名〕"라고 하였고,《다경茶經》에는 "일찍 따는 것을 '다茶', 늦게 따는 것을 '명茗'이라고 한다.〔早取曰 茶 晩取曰 茗〕"라고 구분하였지만 일상에서는 크게 구별없이 쓰인다.

→ 백거이白居易의 〈춘유서림사春遊西林寺〉에 "햇빛을 받은 떨기에서 차의 싹을 딴다.〔陽叢抽茗芽〕"라고 하였다.

⇒ 뜻을 결정한 초艸와 발음을 결정한 명名이 합쳐졌다.

## 30. 楚(가시 초)·荊(가시 형) : 가시나무

① 楚 : 《설문해자》에 "초楚는 떨기로 자라는 나무로 일명 '형荊'이다.〔楚 叢木 一名荊也〕"라고 하였다. 초楚는 나라 이름으로도 쓰였는데, 이는 그 곳이 형산荊山 일대였기 때문이다.

→《시경》〈주남周南 한광漢廣〉에 "우거지게 자란 나무 중에서 그 가시나무를 베리라.〔翹翹錯薪 言刈其楚〕"라고 하였다.

⇒ 떨기로 숲〔林〕을 이루며 자라는 가시나무를 이르며, 필疋은 발음을 결정하였다.

② 荊 : 《설문해자》에 "형荊은 가시나무이다.〔荊 楚木也〕"라고 하였다. 《정자통正字通》에 "형荊은 나무 가운데 가장 가벼운 것으로 옛날에 형벌에 사용하였다. 그래서 형刑으로 글자를 구성하여 '경계'의 뜻을 담았다.〔荊 木之最輕者 古刑用之 故字從刑 寓戒也〕"라고 하였다.

→《사기》〈염파인상여열전廉頗藺相如列傳〉에 "한쪽 어깨를 드러

내고 형장刑杖을 지고 가다.〔肉袒負荊〕"라고 하였다.

⇒ 초목〔艸〕의 일종으로 형벌〔刑〕을 주는 도구로 사용하던 나무를 뜻한다.

○ '초楚'와 '형荊'은 이름만 다를 뿐 의미는 같다. 모두 탄력성이 좋아 바구니를 짜기도 하고 형구의 재목으로 사용되었다. 고통을 이르는 고초苦楚의 뜻으로도 쓰인다. 또한 형荊의 자형은 형벌〔刑〕을 주는 재료임을 암시하기도 한다.

## 31. 芽(싹 아)·萌(싹 맹) : 싹

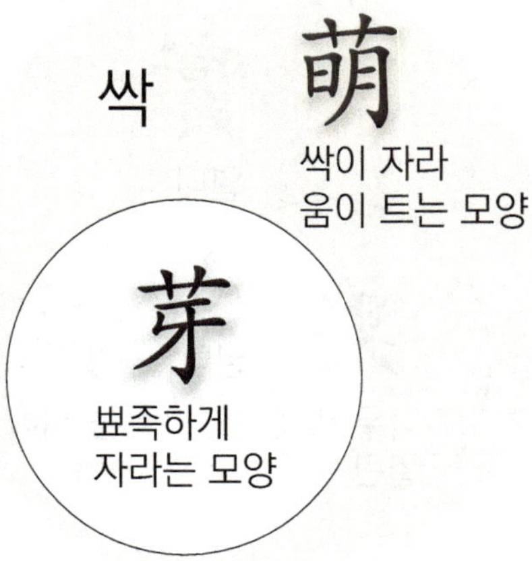


① 芽 :《설문해자》에 "아芽는 싹이다.〔芽 萌也〕"라고 하였다.

→ 백거이白居易의 〈종도가種桃歌〉에 "복숭아를 먹고 그 씨를 심으면 1년 후 씨앗에서 싹이 자란다.〔食桃種其核 一年核生芽〕"라고 하였다.

⇒ 풀〔艸〕의 싹이 마치 동물의 이빨처럼 뾰족하게 자라는 모양을 본뜬 글자이다.

② 萌 :《설문해자》에 "맹萌은 초목의 싹이다.〔萌 草木芽也〕"라고 하였다. 이미 초목의 싹이 자라 움이 트는 것을 이르는 말로, 주로 동사로 쓰이는데 아芽의 뜻을 포함하고 있다.

→《한서》〈사마상여열전司馬相如列傳〉에 "명철한 사람은 싹트기 전의 일에 관하여 멀리 보는 사람이다.〔明者 遠見于未萌〕"라고 하였다.

⇒ 어두운 땅속에서 있던 풀〔艸〕의 싹이 밝은〔明〕 땅 밖으로 삐져나오는 것을 이른다.

## 32. 果(과일 과)·蓏(열매 라)·實(열매 실) : 열매

① 果 : 《설문해자》에 "과果는 나무열매이다.〔果 木實也〕"라고 하였고, 《석문釋文》에 "과果는 도리의 종류이다.〔果 桃李之屬〕"라고 하였다. 나무에 열리는 복숭아와 오얏의 종류에 대한 총칭이다.

→ 《후한서》 〈순우공전淳于恭傳〉에 "집의 밭에서 자라는 과일나무가 있는데, 사람들이 간혹 몰래 훔쳐갈 때마다 거두어 가는 것을 도와주었다.〔家有山田果樹 人或侵盜 輒助爲收采〕"라고 하였다.

⇒ 나무〔木〕 위에 달린 과일〔田〕의 모양을 본뜬 글자이다.

② 蓏 : 《설문해자》에 "나무에 열리는 것을 '과果', 풀에 열리는 것을 '라蓏'라고 한다.〔在木曰 果 在草曰 蓏〕"라고 하였다.

→ 《한비자》 〈외저설 우하外儲說 右下〉에 "지금 다섯 금원禁苑의 박과 채소, 대추와 밤만 베풀어도 충분히 백성들을 살릴 수 있습니다.〔今發五苑之蓏蔬棗栗 足以活民〕"라고 하였다.

⇒ 풀〔艸〕줄기에 마치 오이〔瓜〕처럼 매달린 열매를 이른다.

③ 實 : 과果와 라蓏를 포괄하는 명칭이다.

→《한비자》〈오두五蠹〉에 "옛날에는 장부들이 농사를 짓지 않아도 초목의 열매만으로 먹기에 충분하였다.〔古者 丈夫不耕 草木之實足食也〕"라고 하였다.

→《예기》〈제통祭統〉에 "기이한 곤충과 초목의 과실이면 음양의 물건이 갖추어진 것이다.〔昆蟲之異 草木之實 陰陽之物備矣〕"라고 하였다.

⇒ 집〔宀〕 안에 꿰어 놓은 돈〔貫〕이 가득 차 있다는 뜻에서 '속이 가득 찬 과일'의 의미로 쓰였다.

## 33. 薪(땔나무 신)·柴(땔나무 시)·樵(땔나무 초)·蒸(땔나무 증) : 땔나무

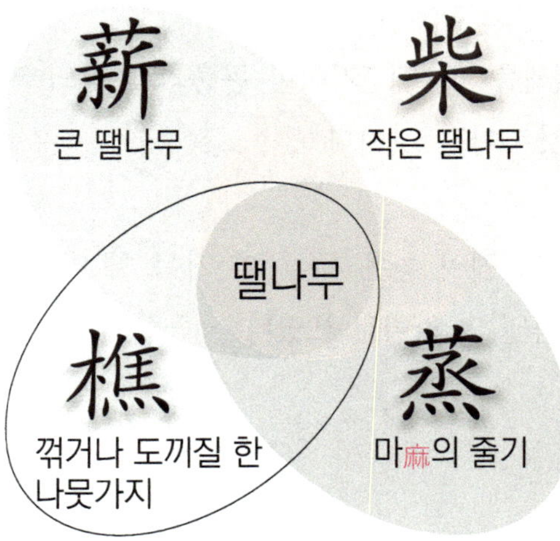


① 薪 : 거칠고 큰 땔나무를 이른다.

→ 《예기》 〈월령月令〉에 "사감에게 명하여 땔나무를 거두어 쌓게 하였다.〔乃命四監 收秩薪柴〕"라고 하였다.

⇒ 초목〔艸〕을 쪼개서〔析〕 땔나무로 삼는다는 의미로, 신(辛, 지금은 생략된 형태인 立)이 발음을 결정하였다.

② 柴 : 신薪에 비하여 작은 땔나무를 이른다. 신薪의 예문인 《예기》 〈월령月令〉 주석에 "큰 것은 쪼갤 수 있는데 '신薪'이라고 하고, 작은 것은 한데 묶을 수 있는데 이를 '시柴'라 한다.〔大者 可析 謂之薪 小者 合束 謂之柴〕"라고 하였다.

→ 《시경》 〈제풍齊風 남산南山〉에 "장작을 패려면 어떻게 해야 하나? 도끼가 아니면 할 수 없네.〔析薪如之何 匪斧不克〕"라고 하였다.

⇒ 나무〔木〕를 이용한 땔거리를 이르는 말과 발음을 결정한 차此가 합쳐졌다.

③ 樵 :《설문해자》에 "초樵는 쓸모없는 나무이다.〔樵 散木也〕"라고 하였는데, 이는 꺾거나 도끼질한 나뭇가지를 이른다. 초樵는 명사로 쓰이는 경우는 매우 드물며 주로 동사로 쓰인다.

→《춘추좌씨전》 소공昭公 6년에 "꼴을 베거나 방목하거나 땔나무 베는 것을 금지하여 전지田地에 들어가지 못하였고 땔나무를 베지도 못하였다.〔禁芻牧采樵 不入田 不樵樹〕"라고 하였다.

⇒ 땔〔焦〕 나무〔木〕를 이른다.

④ 蒸 :《설문해자》에 "증蒸은 마의 가운데 줄기를 찌는 것이다.〔蒸析麻中幹也〕"라고 하였다. 쓸데없는 줄기를 베어 내는 것을 '증蒸'이라고 한다. 또한 이 줄기는 가늘어서 땔나무로 사용하기 매우 적합하여 오늘날 땔나무의 뜻을 가지게 되었다.

→《회남자淮南子》〈주술主述〉에 "겨울에 땔나무를 벤다.〔冬伐薪蒸〕"라고 하였다.

⇒ 벗겨낸 삼나무 껍질〔艸〕을 담아 물에 잠기게〔丞〕 하고는 아래에 불을 때서〔灬〕 삶는 행위를 이른다.

○ 땔 것은 크게 두 가지로 구분된다.

① 풀을 재료로 하는 것 : 요蕘, 소蘇

② 나무를 재료로 하는 것 : 신薪, 시柴, 초樵, 증蒸

## 34. 蔬(푸성귀 소)·菜(나물 채) : 나물

① 蔬 : 옛날에는 소疏의 자형으로 쓰였다. '거칠다'는 뜻을 가진 조粗와 어원을 같이한다. 때문에 보잘 것 없고 거친 음식을 이르는 뜻으로 쓰인다. 또한 채소에만 한정하여 쓰이는 것은 아니다.

→ 《논어》 〈술이述而〉에 "나물밥 먹고 물마시고 팔을 굽혀 베더라도 즐거움이 또한 그 가운데 있다.〔飯疏食飮水 曲肱而枕之 樂亦在其中矣〕"라고 하였다.

⇒ 풀〔艸〕로 된 거친〔疏〕 푸성귀를 이른다.

② 菜 : 《설문해자》에 "채菜는 먹을 수 있는 풀이다.〔菜 草之可食者〕"라고 하였다. 고대에는 벼〔禾〕 이외의 풀들은 모두 '초草'라고 하였고, 초草 가운데서도 먹을 수 있는 것을 '채菜'라고 하였다.

→ 《남사南史》 〈하점전何點傳〉에 "점이 나물밥 먹고 술을 마시지 않은 지 3년이 되자 허리띠가 반이나 줄어들었다.〔點菜食 不飮酒 訖于三年 腰帶減半〕"라고 하였다.

⇒ 풀[艸]이나 나무[木]에서 먹을 수 있는 부분을 손[爪]으로 뜯는 모습을 본떴다.

○ '채菜'는 채집하는 데서 얻어진 이름이고, '소蔬'는 거칠고 조악함에서 얻어진 이름이다. 고대에는 신분이 높은 지위에 있는 사람이 하는 육식肉食에 비해 신분이 낮은 사람들은 주로 채식菜食을 하였다. 그래서 소蔬와 채菜는 '가난하고 궁핍한 살림살이'라는 뜻으로도 쓰인다.

## 35. 禽(날짐승 금)·鳥(새 조) : 새

① 禽 : 처음에는 동사로 쓰이는 '사로잡히다'는 뜻을 가진 금擒으로 쓰였다.

→《이아》〈석조釋鳥〉의 주석에 "금禽은 '사로잡다'는 뜻으로, 새는 힘이 약해서 사로잡을 수 있다.〔禽者 擒也 言鳥力小 可擒捉也〕"라고 하였다.

→《삼국지》〈위서魏書 화타전華佗傳〉에 "나에게 한 가지 재주가 있으니 오금五禽의 놀이라고 이름하네. 첫 번째는 호랑이, 두 번째는 사슴, 세 번째는 곰, 네 번째는 원숭이, 다섯 번째는 새라네.〔吾有一述 名五禽之戲 一曰虎 二曰鹿 三曰熊 四曰猿 五曰鳥〕"라고 하였다.

⇒ 손에 새를 잡는 그물을 쥐고 있는 모습을 본뜬 모양에서도 확인할 수 있다. 지금은 주로 '새'의 의미로 쓰이고 있지만 예전에는 새 뿐 아니라 토끼·여우·사슴 등 그물로 잡을 수 있는 모든 짐승의 총칭으로 쓰여 오늘날 '짐승'의 의미를 가지게 되었다.

② 鳥 : 날짐승만을 가리킨다. 그러나 금禽은 때때로 이 범주에서 벗어난 뜻으로 사용되기도 한다.

→ 《서경》 〈군석君奭〉에 “우리는 우는 새소리도 듣지 못할 것이다.〔我則鳴鳥不聞〕”라고 하였다.

⇒ 새의 모양을 본뜬 상형자이다.

## 36. 犧(희생 희)·牲(희생 생) : 희생

① 犧 : 《설문해자》에 "희犧는 종묘의 희생이다.〔犧 宗廟之牲也〕"라고 하였다. 옛날 사람들은 털빛이 순일하고 몸이 흠이 없는 짐승을 골라 조상이나 신에게 제사를 드려 정성을 표시하였는데, 이러한 짐승을 '희犧'라고 하였다.

→《사기》〈노자한비열전老子韓非列傳〉에 "그대는 교제사에 희생으로 쓰이는 소를 보지 못하였는가?〔子獨不見郊祭之犧牛乎〕"라고 하였다.

⇒ 희생으로 주로 사용하는 짐승인 소〔牛〕와 발음을 결정한 희羲가 합쳐졌다.

② 牲 : 제사에 사용되는 온전한 형태의 짐승을 이른다.

→《설문해자》에 "생牲은 완전한 소를 이른다.〔牲 牛完全也〕"라고 하였다.

→《춘추좌씨전》 희공僖公 31년에 "소는 길일을 잡으면 '생牲'이

라고 한다.〔牛卜日曰 牲〕"라고 하였다. 평소에는 '축畜'이라고 부르다가 제사 날짜가 잡히면 '생牲'이라고 부른다.

→《주례》〈천관天官 포인庖人〉에 "처음 기르는 것을 '축畜'이라고 하고 장차 제사에 사용하는 것을 '생牲'이라고 한다.〔始養曰 畜 將用之曰 牲〕"라고 하였다.

⇒ 생고기〔生〕로 제사에 바치는 소〔牛〕를 이른다.

## 37. 犬(개 견)·狗(개 구) : 개

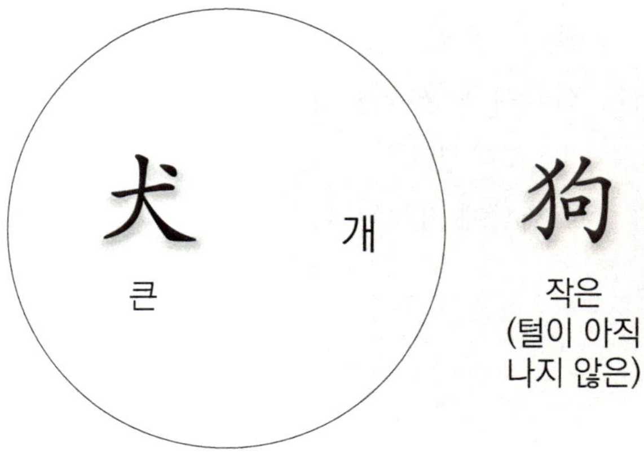


① 犬 : 《설문해자》에 "견犬은 구狗 가운데 며느리발톱이 있는 것이다.〔犬 狗之有懸蹄者也〕"라고 하였다.

→ 《맹자》〈이루 하離婁 下〉에 "임금이 신하를 개와 말처럼 본다면 신하 역시 임금을 길가는 행인쯤으로 볼 것이다.〔君之視臣如犬馬則臣視君如國人〕"라고 하였다.

⇒ 개의 모양을 본뜬 상형자이다.

② 狗 : 《이아》〈석축釋畜〉에 "아직 털이 나기 전의 개를 '구狗'라고 한다.〔未成毫 狗〕"라고 하였다.

→ 《맹자》〈공손추 하公孫丑 下〉에 "닭 울음과 개 짖는 소리가 사방에 이른다.〔鷄鳴狗吠相聞 而達乎四境〕"라고 하였다.

⇒ 등을 구부리고〔句〕 있는 개〔犭〕를 이른다.

○ 춘추시대 이전의 글에서는 '견犬'자만 보이고 '구狗'자는 보이지 않는다. 그렇지만 전국시대로 넘어오면서 이 두 글자가 모두 보이기 시작하였는데, 구狗를 견犬의 별명으로 불렀다.

→ 《예기》〈곡례 상曲禮 上〉의 주석에 "큰 것을 '견犬', 작은 것을 '구狗'라고 한다.〔大者爲犬 小者爲狗〕"라고 하였다.

## 38. 鳥(새 조)·隹(새 추) : 새

① **鳥** :《설문해자》에 "조鳥는 꼬리가 긴 날짐승의 총명이다.〔鳥 長尾禽總名也鳥〕"라고 하였다.

→《주역》 소과괘小過卦에 "날아가는 새가 소리를 남기다.〔飛鳥遺之音〕"라고 하였다.

⇒ 새의 모양을 본뜬 상형자이다.

② **隹** :《설문해자》에 "추隹는 새 중에 꼬리가 짧은 새의 총칭이다.〔隹 鳥之短尾總名也〕"라고 하였다.

⇒ 새의 모양을 본뜬 상형자이다.

○ 고문古文에는 '조鳥'와 '추隹'를 동일한 형태와 뜻으로 사용하다가 소전小篆에 와서 오늘날의 자형으로 분화되었다.

## 39. 鳳(봉황새 봉)·凰(봉황새 황) : 봉황

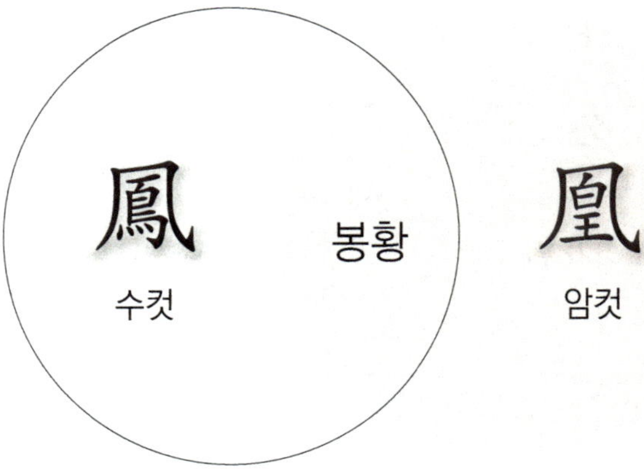


① 鳳 : 《설문해자》에 "봉鳳은 신령스러운 새이다.〔鳳 神鳥也〕"라고 하였다. 봉새는 옛사람들이 상상하여 만들어낸 존재이다.

→ 《논어》 〈자한子罕〉에 "봉새가 이르지 않고 하수에서 그림이 나오지 않으니 나는 끝이로구나.〔鳳鳥不至 河不出圖 吾已矣夫〕"라고 하였다.

⇒ 바람〔凡 : 帆〕을 일으키는 새〔鳥〕를 이른다.

② 凰 : 《이아》 〈석조釋鳥〉에 "언봉은 암컷 봉새이다.〔鶠鳳 其雌凰〕"라고 하였다. 황凰을 암컷 봉황새라고 해석 한 것은 후대의 일이었다. 선진先秦시대에는 황凰은 단독으로 쓰이지 않고 봉鳳과 연용하였다.

→ 《맹자》 〈공손추 상公孫丑 上〉에 "길짐승 중에 기린이 있고 날짐승 중에 봉황이 있다.〔麒麟之於走獸 鳳凰之於飛鳥〕"라고 하였다.

⇒ 바람〔凡 : 帆〕을 일으키는 가장 으뜸〔皇〕되는 새이다.

○ 봉황鳳凰은 초기에는 봉황鳳皇으로 썼다가 후에 '봉鳳'자의 영향으로 오늘날 '황凰'자가 만들어졌다. 예전에는 빈모牝牡·자웅雌雄의 경우처럼 암수를 구별하는 이름으로 쓰이는 말은 있었지만 전적으로 짐승의 암수를 구별하는 글자는 없었다. 그러나 오늘날 봉황鳳凰은 《서경》〈익직益稷〉에 "수컷을 '봉', 암컷을 '황'이라고 한다.〔雄曰 鳳 雌曰 皇(凰)〕"라고 하였고, 탁문군卓文君의 〈금가琴歌〉에 "봉새가 고향으로 돌아가면서 사해를 유람하며 황새를 찾네.〔鳳兮鳳兮歸故鄕 遨遊四海兮求其凰〕"와 같은 주석이 달리거나 그 뜻이 모호하여 암수를 구분하게 되었다.

## 40. 皮(가죽 피)·革(가죽 혁)·韋(가죽 위) : 가죽

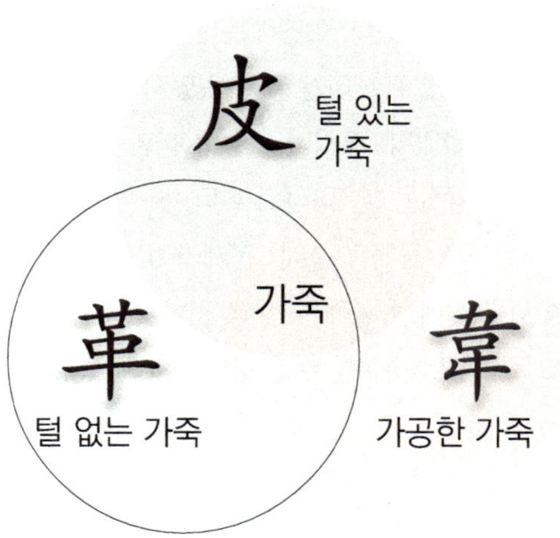


① 皮 : 《설문해자》에 "짐승의 가죽을 벗겨 취한 것을 '피皮'라고 한다.〔剝取獸革者 謂之皮〕"라고 하였다. 짐승의 몸에서 벗겨내어 무두질하지 않은 털이 있는 상태의 가죽을 이른다.

→ 《춘추좌씨전》 희공僖公 14년에 "가죽이 없는데 털을 어디에다 붙이겠나?〔皮之不存 毛將焉附〕"라고 하였다.

⇒ 짐승〔厂〕의 몸에 붙은 가죽을 손〔又〕에 칼을 쥐고〔丨〕 벗기고 있는 상황을 본떴다.

② 革 : 《설문해자》에 "짐승의 껍질에서 털을 제거한 것을 '혁革'이라고 한다. 혁革은 바꿈이다.〔獸皮治去其毛曰 革 革 更也〕"라고 하였다. 가죽에서 털을 제거한 상태를 이른다.

→ 《주례》 〈천관天官〉에 "가을에는 피를 거두고, 겨울에는 혁을 거두어 봄에 이를 바쳤다.〔掌秋斂皮 冬斂革 春獻之〕"라고 하였다.

⇒ 혁革은 짐승의 대가리〔廿〕와 몸통에서 벗겨놓은 가죽〔口〕, 다리와 꼬리〔十〕를 본뜬 글자로, 이렇게 벗겨 놓은 가죽에서 털을 제거하면 본래 무슨 짐승이었는지 분간을 할 수 없을 정도로 완전히 새롭게 변함을 이른다. 그래서 혁革은 진부한 것을 제거한다는 의미를 가진다.

③ 韋 : 《광운廣韻》에 "위韋는 부드러운 가죽이다.〔韋 柔皮也〕"라고 하였다. 혁革에서 한 단계 더 가공을 거친 가죽을 이른다. 때문에 부드럽지 않은 가죽을 '생피生皮'라고 하고 부드럽게 가공한 가죽을 '숙피熟皮'라고 하는데, 여기서 위韋가 바로 '숙피熟皮'이다.

→ 《사기》 〈공자세가孔子世家〉에 "공자께서 만년에 주역을 좋아하여……죽간을 묶은 가죽끈이 세 번이나 끊어졌다.〔孔子晩而喜易……韋編三絶〕"라고 하였다.

⇒ 어떠한 지역〔口〕을 포위하고 있는 두 발〔舛〕의 모습을 본뜬 글자였으나, 몸을 감싸고 있는 가죽이란 뜻으로 전의된 글자이다.

## 41. 蹤[踪](발자취 종)·迹[跡](발자취 적) : 발자취

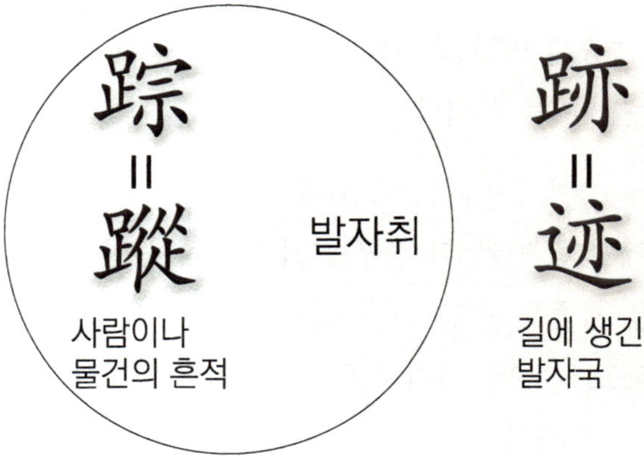


① 蹤 : 《집운集韻》에 "종蹤은 발자취이다.[蹤 迹也]"라고 하였다. 종蹤은 주로 동사로 '따르다', '쫓다'는 뜻으로 쓰인다. 사람이나 물건이 남긴 발자취나 흔적을 모두 이른다.

→ 《한서漢書》 〈양웅전揚雄傳〉에 "삼황의 높은 발자취를 굳게 지키다.[攝三皇之高蹤]"라고 하였다.

⇒ 종踪의 이체자로 선진先秦시대에 주로 사용했던 글자로, 앞사람의 발자취[足]를 뒷사람이 따르다[從]는 의미를 가졌다.

② 迹 : 《설문해자》에 "적迹은 발자국이다.[迹 步處也]"라고 하였다.

→ 《회남자淮南子》 〈설산說山〉에 "발로 땅을 디디면 발자국이 생긴다.[足蹍地而爲迹]"라고 하였다.

→ 유종원柳宗元의 〈강설江雪〉에 "온 산에 새도 날지 않고 모든 길에는 사람 발자취마저 끊어졌네.[千山鳥飛絶 萬徑人蹤滅]"라고 하였다.

⇒ 길을 가는[辶] 사람[亦]에게서 생기는 발자국을 이른다.

## 42. 翼(날개 익)·翅(날개 시) : 날개

① 翼 : 《설문해자》에 "익翼은 날개이다.〔翼 翅也〕"라고 하고, "시翅는 날개이다.〔翅 翼也〕"라고 하여 호훈互訓하였다. 익翼은 새의 날개나 곤충의 날개를 이르는 뜻으로 선진先秦시대에 쓰였다. 익翼은 본래의 뜻으로 오랫동안 쓰이다가 군진軍陣의 양 측면이나 보좌를 이르는 말로도 쓰인다.

→ 《장자》 〈소요유逍遙遊〉에 "한번 힘써 날아오르면 그 날개는 하늘을 뒤덮은 구름과 같았다.〔怒而飛 其翼若垂天之雲〕"라고 하였다.

⇒ 새의 날개 깃을 본뜬 우羽와 발음을 결정한 이異가 합쳐졌다.

② 翅 : 한나라 이후에 비로소 만들어졌다. 원래는 일종의 방언으로 쓰이다가 점차 익翼을 대신하는 말로 쓰이게 되었다.

→ 《사기》 〈회남왕안전淮南王安傳〉에 "흉노들의 양쪽 날개가 꺾이고 상하여 구원을 받지 못해 떨치지 못하였다.〔匈奴折翅傷翼 失援不振〕"라고 하였다.

⇒ 몸을 지탱하는〔支〕 양쪽 두 날개〔羽〕를 이른다.

## 43. 羽(깃 우)·翎(깃 령)·翰(날개 한) : 깃, 날개

① 羽 : 《설문해자》에 "우羽는 새의 깃이다.〔羽 鳥長毛也〕"라고 하였다. 꽁지깃이나 날개깃을 이르는 말이었으나, 새의 몸에 난 깃을 이르는 말로 널리 쓰이게 되었다.

→ 《맹자》 〈양혜왕 상梁惠王 上〉에 "깃털 하나를 들지 못하는 것은 힘을 쓰지 않기 때문이다.〔一羽之不擧 爲不用力焉〕"라고 하였다.

⇒ 새 깃의 모양을 본뜬 상형자로, 짐승의 털을 '모毛'라고 하는 것으로 구분 짓는다.

② 翎 : 《설문해자》에 "령翎은 깃이다.〔翎 羽也〕"라고 하였다. 우羽가 새의 깃을 이르는 통칭으로 쓰이자 날개깃이나 꽁지깃을 이르는 글자는 령翎으로 썼다.

→ 백거이白居易의 〈방여안放旅雁〉에 "씩씩한 아이는 굶주려 너를 쏘아 잡아먹고 너의 날개깃을 뽑아 화살깃을 만들었네.〔健兒飢餓射汝喫 拔汝翅翎爲箭羽〕"라고 하였다.

⇒ 우두머리〔令〕가 관에 꽂고 다니던 긴 새의 깃〔羽〕을 이른다.

③ 翰 : 《설문해자》에 "한翰은 금계金鷄이다.〔翰 天鷄也〕"라고 하였다. 금계는 털이 매우 길고 고와 그 깃을 '한翰'이라고 한다. 때문에 금계의 긴 털을 '한모翰毛'라고 하는데, 여기서 뜻이 뛰어난 문장력을 가진 사람들이 모인 곳을 '한림翰林'이라고 한다. 한翰과 령翎은 비록 새의 긴 깃을 가리키기는 하지만 령翰은 아름다움에, 령翎은 길이에 뜻을 두었다.

→ 포조鮑照의 〈영쌍연詠雙燕〉에 "두 마리 제비 구름 끝에서 노니 날개는 서로 앞서거니 뒷서거니.〔雙燕戲雲崖 羽翰始差池〕"라고 하였다.

⇒ 발음을 결정한 간倝과 깃을 본뜬 우羽가 합쳐졌다.

## 44. 身(몸 신)·體(몸 체) : 몸

① 身 : 《설문해자》에 "신身은 몸이다.〔身 躬也〕"라고 하였다. 신身은 머리 아래의 신체부위를 가리키기도 하고 생명 그 차체를 이르기도 한다. 또한 늘 자기 자신을 이르는 말로 쓰이기도 하였다.

→ 《논어》 〈학이學而〉에 "나는 날마다 세 가지로 나의 몸을 살핀다.〔吾日三省吾身〕"라고 하였다.

⇒ 임신한 여자의 옆모습을 본뜬 상형자로, '임신하다'는 뜻으로 쓰이는 경우도 있다.

② 體 : 《석명釋名》 〈석형체釋形體〉에 "체體는 차례이다. 뼈와 살, 털과 피, 겉과 속, 큼과 작음이 서로 차례지어진 것이다.〔體 第也 骨肉毛血表裏大小 相次第也〕"라고 하였다. 체體는 모든 몸을 구성하고 있는 부분을 이르는데, 오늘날 '문체文體', '국체國體', '체계體系' 등의 경우처럼 모두 전체에서 세부적으로 나눈 부분을 이르는 말이다. 그래서 '문신文身', '국신國身', '신계身系'라고는 쓰지 않는다.

→《논어》〈미자微子〉에 "사지를 움직이지 않고 오곡도 구분하지 못하는데 누구를 선생이라고 하는가?〔四體不勤 五穀不分 孰爲夫子〕"라고 하였다.

⇒ 뼈〔骨〕에 살이 풍성하게〔豊〕 뒤덮힌 몸을 이른다.

## 45. 元(으뜸 원)·首(머리 수)·頭(머리 두) : 머리

① 元 : 《이아》 〈석고釋詁〉에 "원元은 머리이다.〔元 首也〕"라고 하였다. 신체 부위에서 머리가 가장 으뜸 되는 부분이라 '우두머리', '첫째' 등의 의미로 쓰인다.

→ 《맹자》 〈등문공 하滕文公 下〉에 "뜻있는 선비는 도랑에 던져질 것을 잊지 않고 용사는 자신의 머리를 잃을 것을 잊지 않는다.〔志士不忘在溝壑 勇士不忘喪其元〕"라고 하였다.

⇒ 서 있는 사람의 옆모습을 본뜬 글자로 머리〔口〕가 일一로 바뀌어 표현되었다.

② 首 : 《광운廣韻》에 "수首는 머리이다.〔首 頭也〕"라고 하였다. 수首는 춘추시대 이전에는 주로 '머리'의 뜻으로 쓰이다가 전국시대에는 원元과 같은 '우두머리', '시초', '첫 번째' 등의 의미로 파생되었다. 때문에 《시경》이나 《서경》에는 원래의 의미에서 파생된 뜻으로 쓰이고 있다.

→《시경》〈패풍邶風 정녀靜女〉에 "사랑하면서도 만나지 못해 머리만 긁적이고 머뭇거리네.〔愛而不見 搔首踟躕〕"라고 하였다.

⇒ 머리털이 난 사람의 머리를 본뜬 상형자이다

③ 頭 :《시경》이나 《서경》 등 초기문헌에는 보이지 않다가 《춘추좌씨전》에는 2번, 《한비자》에는 8번 보인다. 이후 한대漢代 이후 점차 두頭가 수首를 대신하여 쓰였다. 당나라 두보杜甫의 시에는 '수首'자가 100여 번 정도 밖에 보이지 않지만 두頭는 200번 가까이 보인다.

→《춘추좌씨전》 양공襄公 19년에 "순언이 등창을 앓고 머리에는 종기가 생겼다.〔荀偃癉疽 生瘍於頭〕"라고 하였다.

⇒ 발음을 결정한 두豆와 뜻을 결정한 혈頁이 합쳐진 글자이다.

○ '원元'·'수首'·'두頭'는 모두 '머리'라는 의미로 쓰이고 있지만 '원元'·'수首'·'두頭'의 순서로 글자가 만들어진 시기가 서로 다르다.

## 46. 面(낯 면)·顔(얼굴 안) : 얼굴

① 面 : 《설문해자》에 “면面은 얼굴이다.〔面 顔前也〕”라고 하였다. 오늘날 검臉에 해당하는데 검臉은 위진魏晉시대에 등장한다. 또한 당면當面의 경우처럼 바로 눈앞에 마주 당한 상태, 또한 신체 부위 중 옷으로 가리지 않고 밖으로 드러난 곳이기 때문에 표면表面 등의 뜻으로도 쓰인다.

→ 《열자》 〈탕문湯問〉에 “북산의 우공은 나이가 장차 90세로 산을 마주하고 살고 있었다.〔北山愚公者 年且九十 面山而居〕”라고 하였다.

⇒ 얼굴의 윤곽선〔口〕과 눈〔目〕의 모습을 본뜬 상형자이다.

② 顔 : 《설문해자》에 “안顔은 미간이다.〔顔 眉之間也〕”라고 하여, 눈썹과 눈썹사이 부위인 이마〔額〕를 이른다.

→ 《사기》 〈고조본기高祖本紀〉에 “고조는 모습이 콧날이 높고 이마가 튀어나와 용을 닮았다.〔高祖爲人 隆準而龍顔〕”라고 하였다.

⇒ 발음을 결정한 언彦과 뜻을 결정한 혈頁이 합쳐진 글자이다.

## 47. 臉(뺨 검)·頰(뺨 협) : 뺨

① 臉 : 고대에는 '면面'자만 존재하였고 '검臉'자는 없었다. 이 글자는 위진魏晉시대에 만들어져 당송唐宋시대에 광범위하게 사용되었다. 《고금운회거요古今韻會擧要》에 "검臉은 눈의 아래에 뺨의 위이다.〔臉 目下頰上也〕"라고 하였는데, 이는 광대부분을 이른다. 때문에 고대 부녀들이 연지를 찍는 부분을 '검臉'이라고 하였다.

→ 안수晏殊의 〈춘경春景〉에 "웃음이 양쪽 뺨에서 피어났다.〔笑從雙臉生〕"라고 하였다.

⇒ 모든〔僉〕 감정들을 나타내는 신체부위인〔月〕 얼굴을 이른다.

② 頰 : 《설문해자》에 "협頰은 얼굴의 옆쪽부위이다.〔頰 面旁也〕"라고 하여, 오늘날 시腮의 뜻으로 쓰인다.

→ 《진서晉書》 〈문원文苑 고개지전顧愷之傳〉에 "일찍이 배해의 초상을 그리는데, 뺨 위에 세 개의 털을 더하자 이를 보는 사람들은 생동감이 매우 뛰어나다고 느꼈다.〔嘗圖裴楷象 頰上加三毛 觀者 覺神明殊勝〕"라고 하였다.

⇒ 얼굴〔頁〕을 끼고〔夾〕 있는 양쪽 부위를 이른다.

## 48. 須(수염 수)·髥(구레나룻 염) : 수염, 구레나룻

① 須 : 《설문해자》에 "수須는 얼굴에 난 털이다.〔須 面毛也〕"라고 하였다. 오늘날 수염을 뜻하는 '수鬚'자의 고자古字이다. 이후 '수須'자가 '반드시', '모름지기' 등의 뜻으로 쓰이자 이를 대체할 필요에 따라 '수鬚'자가 만들어졌다.

→《한비자》〈현행現行〉에 "눈으로 거울을 보지 않으면 수염과 눈썹을 가지런히 할 수가 없다.〔目失鏡 則無以正須眉〕"라고 하였다.

⇒ 사람의 얼굴〔頁〕에 길게 털〔彡〕이 자란 수염의 모습을 본뜬 글자이다.

② 髥 : 선진先秦시대 이전의 문헌에는 발견되지 않는 글자이다. 수須가 턱 아래로 나는 수염을 뜻한다면, 염髥은 양쪽 뺨에 나는 구레나룻을 의미한다.

→《사기》〈봉선서封禪書〉에 "용 한마리가 수염을 늘어뜨린 채 내려와 황제를 맞이하였다.〔有龍垂胡髥下迎黃帝〕"라고 하였다.

⇒ 귀밑에서부터 길게 늘어뜨려 흔들리는〔冉〕 수염〔髟〕의 모습을 본떴다.

## 49. 領(목 령)·項(목 항)·頸(목 경) : 목

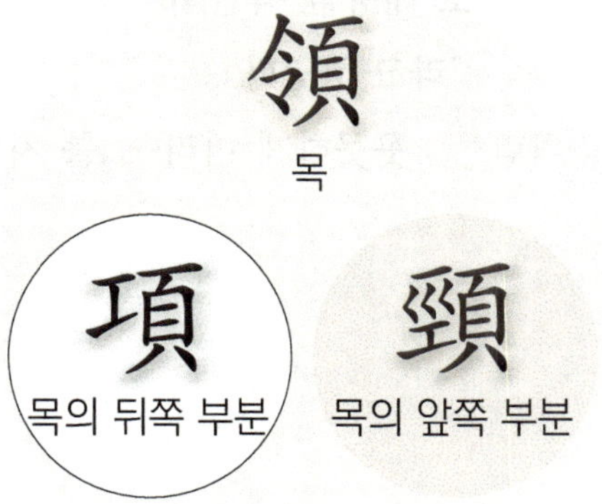


① 領 : 《설문해자》에 "령領은 목이다.〔領 項也〕"라고 하였다. 령領은 머리와 몸을 이어주는 부분으로, 목 전체 부분을 이른다.

→ 《춘추좌씨전》 성공成公 13년에 "우리 경공께서 목을 빼고 서쪽으로 바라보며〔我君景公引領西望〕"라고 하였다.

⇒ 옷 전체의 우두머리격〔令〕인 '옷깃'을 이르며, 이 부분은 머리〔頁〕와 목과 닿는 부분이다.

② 項 : 《광운廣韻》에 "항項은 뒤에 있는 부분이다.〔項在後〕"라고 하여, 목의 뒤쪽 부분을 이른다.

→ 《당서唐書》 〈서유공전徐有功傳〉에 "수 백 명의 사람들이 모두 목을 움츠린 채 감히 숨조차 쉬지 못하였다.〔數百人 皆縮項不敢息〕"라고 하였다.

⇒ 발음을 결정한 공工과 뜻을 결정한 혈頁이 합쳐진 글자이다.

③ 頸 : 《광운廣韻》에 "경頸은 앞에 있는 부분이다.〔頸在前後〕"라고 하

여, 목의 앞쪽부분을 이른다.

→ 《사기》〈염파인상여열전廉頗藺相如列傳〉에 "다섯 걸음 안에 제(인상여)가 목의 피로 대왕을 적실 수가 있습니다.〔五步之內 相如請得以頸血濺大王矣〕"라고 하였다.

⇒ 베틀의 날줄처럼〔巠〕 꼿꼿하게 머리〔頁〕를 지탱하고 있는 목을 이른다.

## 50. 咽(목구멍 인)·喉(목구멍 후) : 목구멍

① 咽 : 《설문해자》에 "인咽은 목구멍이다.〔咽 嗌也〕"라고 하였다. 동사로 쓰일 때는 목구멍이 하는 가장 기본적인 행위인 '삼키다'의 의미로 쓰인다.

→ 《맹자》 〈등문공 하滕文公 下〉에 "포복으로 기어가서 가져다가 먹어 세 번 삼킨 뒤에야 귀에 들리는 것이 있었고 눈에 보이는 것이 있었습니다.〔匍匐往 將食之 三咽然後 耳有聞 目有見〕"라고 하였다.

⇒ 목구멍은 입〔口〕이 바탕〔因〕이 되는 신체부위임을 뜻한다.

② 喉 : 《설문해자》에 "후喉는 목구멍이다.〔喉 咽也〕"라고 하였다.

→ 《시경》 〈대아大雅 증민蒸民〉에 "왕명을 내니 왕의 목과 혀가 되네.〔出納王命 王之喉舌〕"라고 하였다.

⇒ 뜻을 결정한 구口와 발음을 결정한 후侯가 합쳐졌다.

○ '후喉'는 '인咽'과 뜻이 같아 늘 함께 쓰기도 하지만 약간의 차이가 있다. '인咽'이 음식물을 섭취하는 기관에 중점을 두었다면 '후喉'는 호흡을 하는 기관에 중점을 둔 것이다. 그래서 후喉는 늘 발음과 관련된 글자와 함께 쓰인다.

## 51. 容(얼굴 용)·貌(얼굴 모) : 얼굴, 용모

① 容 : 《설문해자》에 "용容은 모습이다.〔容 貌也〕"라고 하였다. 외면보다는 내면에 중점을 두고 있는데, 정신이나 감정이 얼굴로 드러남을 이른다.

→《맹자》〈만장 하萬章 下〉에 "순이 고수를 만나자 순의 얼굴에 찡그림이 있었다.〔舜見瞽瞍 其容有蹙〕"라고 하였다.

⇒ 모든 것을 담을 수 있는 집〔宀〕과 계곡〔谷〕의 모양이 합쳐진 글자로 얼굴 역시 사람의 감정을 모두 담아내기 때문이다.

② 貌 : 《설문해자》에 "모貌는 몸가짐이다.〔貌 容儀也〕"라고 하였다. 정신이나 감정보다는 외모를 이르는 말로, 의표儀表 등의 뜻이다.

→《사기》〈위기무안후열전魏其武安侯列傳〉에 "무안은 얼굴이 못생겼다.〔武安者 貌寢〕"라고 하였다.

⇒ 원래는 머리를 묶어 올린 사람의 모습을 본뜬 '모皃'로 썼다가, 후에 짐승의 모습이라는 의미를 추가한 '치豸'가 합쳐졌다.

## 52. 軀(몸 구)·體(몸 체) : 몸

① 軀 : 《설문해자》에 "구軀는 몸이다.〔軀 體也〕라고 하였는데, 구軀는 몸을 구성하고 있는 전체를 말한다.

→ 《순자》 〈권학勸學〉에 "입과 귀 사이는 네 치밖에 되지 않는데, 어찌 일곱 자의 몸을 아름답게 하기에 충분하겠는가?〔口耳之間 則四寸耳 曷足以美七尺之軀哉〕"라고 하였다.

⇒ 여러 부분으로 구분지어진〔區〕 몸〔身〕의 전체를 말한다.

② 體 : 《설문해자》에 "체體는 12가지 부속 기관의 총칭이다.〔體 總十二屬也〕"라고 하였다.

→ 《중용》에 "국가가 장차 흥하려면, 반드시 상서로운 조짐이 있으며, 국가가 장차 망하려면, 반드시 요사스러운 조짐이 있어서, 시초점과 거북점에 나타나며, 행동거지에서 드러나기 마련이다.〔國家將興 必有禎祥 國家將亡 必有妖孽 見乎蓍龜 動乎四體〕"라고 하였다.

⇒ 골격〔骨〕을 풍성하게〔豊〕 덮어 형체를 이루고 있는 몸을 이른다.

○ '구軀'가 몸의 전체를 뜻한다면 '체體'는 몸의 어떠한 부분을 이른다. 아래의 사례에서도 보듯 체體가 만약 전체를 뜻한다면 굳이 신체를 넷으로 나눈 '사체四體'라고 쓰지 않고 '체體'로만 썼을 것이다.

## 53. 恙(병 양)·疴(병 아) : 병

① 恙 : 《설문해자》에 "양恙은 병이다.〔恙 忧也〕"라고 하였다. 양恙은 '앙殃'·'상祥'과 의미가 비슷하다. 귀신이 재앙을 내리는 것을 '앙殃', 귀신이 경계를 보이는 것을 '상祥', 귀신이 재앙을 내려 사람들에게 병을 내리는 것을 '양恙'이라고 한다.

→《전국책》〈제책齊策〉에 "위후가 사자에게 물었다. 올해 흉년은 없는가? 백성들은 잘 있는가? 국왕은 잘 계시는가?〔威后問使者曰 歲亦無恙耶 民亦無恙耶 王亦無恙耶〕"라고 하였다.

⇒ 마음〔心〕 속 근심과 발음을 결정한 양羊이 합쳐졌다.

② 疴 : '아痾'로도 쓴다. 《설문해자》에 "아疴는 병이다.〔疴 病也〕"라고 하였다. 아疴는 '화禍'·'악惡'과 그 의미가 비슷하다. 귀신이 내리는 것을 '화禍', 이것이 사람의 몸에 미쳐 병으로 나타나는 것을 '아疴'라고 한다.

→《진서晉書》〈악광전樂廣傳〉에 "이에 그 까닭을 말해주자 손님은 막힘없이 이해를 하고 깊은 병이 갑자기 나았다.〔乃告其所以 客

豁然意解 沈痾頓愈〕"라고 하였다.

⇒ 뜻을 결정한 녁疒과 발음을 결정한 가可가 합쳐졌다.

○ '양恙'과 '아痾'는 모두 귀신으로 인해서 생기는 재앙에서 병으로 뜻이 전의되었다. 다만 양恙은 주로 안부를 물을 때 사용하여 작은 병이나 작은 재앙을 이르는 말로 주로 쓰이고, 아痾는 자신의 '중병重病', '노병老病' 등에 관하여 스스로 말할 때 주로 쓰인다.

## 54. 痼(고질 고)·疚(오랜 병 구) : 고질병

① 痼 : 《설문해자》에 "고痼는 오래된 병이다.〔痼 久病也〕"라고 하였다. 고痼는 '고𤸷'로도 쓰는데, 오래된〔古〕 병〔疒〕을 이른다. 뿌리가 깊어 치료하기 어려운 병이나 습관을 이르며, 형용사로 주로 쓰인다.

→ 《한서》 〈왕상전王商傳〉에 "태후가 전에 상에게 딸이 있다는 말을 듣고 후궁으로 들이고자 하였는데, 상이 고질병이 있다고 말하였다.〔太后前聞商有女 欲以備後宮 商言有固病〕"라고 하였다.

⇒ 오랫동안 단단하게 굳어〔固〕 치료하기 어려운 병〔疒〕을 이른다. '고痼'는 '고固'로도 쓴다.

② 疚 : 《석명釋名》 〈석질병釋疾病〉에 "구疚는 오래되었다는 것으로 오랫동안 병이 몸에 붙어 있는 것이다.〔疚 久也 久依體中也〕"라고 하였다. 명사나 동사로 주로 쓰인다. 또한 '구久'자로 대신 쓰이기도 한다.

→ 《장자》 〈도척盜跖〉에 "반드시 자기의 명예를 지키기 위해 육체를 수고롭게 하고 단음식을 끊어서 보양을 줄여 생을 부지한다

면 또한 그것은 오랫동안 병을 앓으며 오랫동안 재앙에 시달리더라도 죽지 않는 것이다.〔必持其名 苦體絕甘 約養以持生 則亦久病長阨而不死者也〕"라고 하였다.

⇒ 병〔疒〕이 몸에 오랫동안〔久〕 붙어 있는 것을 이른다.

## 55. 棺(널 관)·槨(널 곽)·柩(널 구) : 널

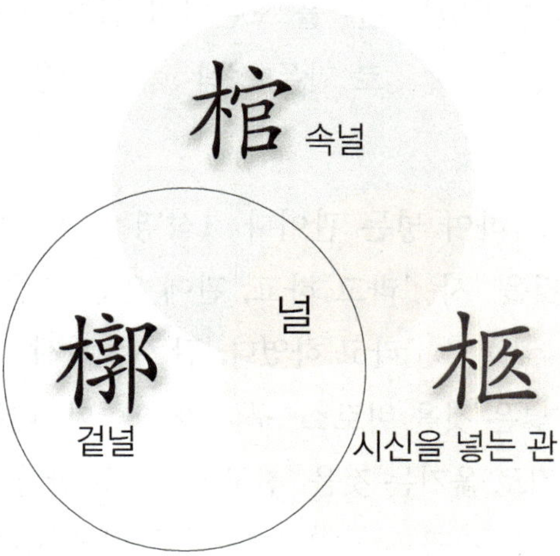


① 棺 : 《설문해자》의 "장례에는 곽槨이 있다.〔葬 有木槨〕"에 대한 단옥재段玉裁 주에 "목곽木槨은 나무로 만드는데 관棺을 둘러싸는 것으로, 성城에 곽郭이 있는 경우와 같다.〔木槨者 以木爲之 周於棺 如城之有郭也〕"라고 하였다. 관棺 보다 조금 크게 만들어 관재棺材의 바깥을 보호하였다.

→ 《논어》 〈선진先進〉에 "리鯉가 죽어 장사를 지낼 때 속널은 있었으나 겉널은 없었다.〔鯉也死 有棺而無槨〕"라고 하였다.

⇒ 나무〔木〕로 만든 집〔官〕을 이른다.

② 槨 : 상고시대에 관곽棺槨을 사용하여 땅에 매장하던 한족의 장례풍습이 있었다. 후대에 시신을 넣는 널을 '관棺'이라 하여 속널〔內棺〕이 되었고 관棺을 보호하고 직접 외부의 흙과 접하는 널을 '곽槨'이라 하여 겉널〔外棺〕이 되었다. 이른바 내관외곽內棺外槨의 형식이다.

→《효경》에 "겉널과 속널, 옷과 이불을 만들어 장례를 치른다.〔爲之棺槨衣衾 而擧之〕"라고 하였다.

⇒ 곽槨은 안쪽에 있는 관棺을 보관하기 위해 그 바깥을 감싸기 위해 만드는 나무〔木〕로 만든 성곽〔郭〕과 같은 역할을 하는 것이다.

③ 柩 : 시신을 염하여 넣는 관이다.《석명釋名》〈석상제釋喪制〉에 "상에 있는 것을 '시尸'라고 하고, 관에 있는 것을 '구柩'라고 한다.〔在床曰 尸 在棺曰 柩〕"라고 하였다. 관棺은 관재棺材의 통칭이고, 염은 시신을 넣은 것을 비로소 '구柩'라고 한다. 때문에 시신을 넣은 관棺을 묘지로 옮기는 것을 '천구遷柩'라고 한다.

→《춘추좌씨전》소공昭公 18년 "자산이 인부 30명을 보내어 그 영구를 옮기게 하였다.〔子産 使輿三十人 遷其柩〕"라고 하였다.

⇒ 나무〔木〕로 만들어 영구히〔久〕 넣어두는 상자〔匚〕를 말한다.

## 56. 偶(인형 우)·俑(허수아비 용) : 인형

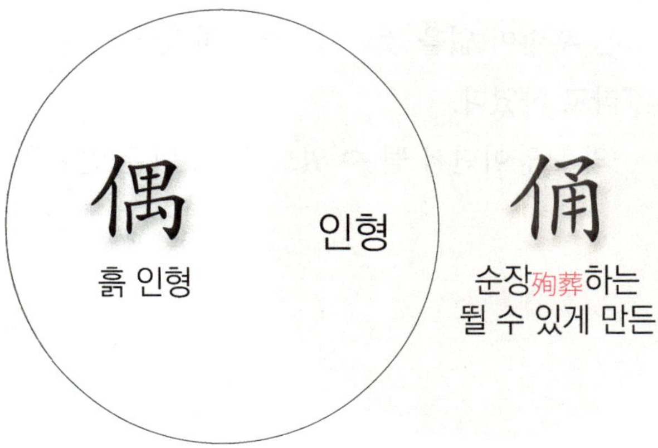


① 偶 : 《설문해자》에 "우偶는 오동나무로 만든 사람형상이다.〔偶 桐人也〕"라고 하고, 《염철론》〈산부족散不足〉에 "필부는 입을 옷도 없는데 동인은 비단옷을 입었다.〔匹夫無貌領 桐人衣紈綈〕"라고 한 오인梧人이 바로 우偶이다. 한나라 이전에는 오동나무로 인형을 깎은 데서 비롯되었다. 이후 이와 비슷하게 만든 토우土偶 등도 모두 '우偶'라고 하였다.

→ 《후한서》〈마원전馬援傳〉에 "옷차림을 화려하게 꾸미는 것이 마치 인형의 모습과 같다.〔修飾邊幅 如偶人形〕"라고 하였다.

⇒ 사람〔人〕은 아닌데 사람을 닮은 원숭이〔禺〕와 같은 인형을 이른다.

② 俑 : 《비창埤蒼》에 "용俑은 나무인형으로 장례를 치를 때 관절을 설치하여 껑충껑충 뛸 수 있도록 만들어 그렇게 이름 지었다.〔俑木人 送葬設關 而能跳踴 故名之〕"라고 하였다. 또는 무덤의 안길을 '용

도甬道'라고 하는데, 이곳에 놓아두었다가 순장할 때 사용하던 인형이라고도 한다.

→《맹자》〈양혜왕 상梁惠王 上〉에 "공자께서 '처음 허수아비를 만든 사람은 후손이 없을 것이다.'라고 하였다.〔仲尼曰 始作俑者 其無後乎〕"라고 하였다.

⇒ 사람〔人〕의 모양이면서 뛸 수 있도록〔甬〕 만든 인형을 이른다.

## 57. 衣(옷 의)·裳(치마 상) : 옷

① 衣 : 윗도리를 말한다.

→《시경》〈빈풍豳風 칠월七月〉에 "7월에는 대화심성大火心星이 서쪽으로 내려가고, 9월에는 옷을 만들어 주네.〔七月流火 九月授衣〕"라고 하였다.

⇒ 윗도리와 옷고름을 본뜬 상형자이다.

② 裳 :《석명釋名》〈석의복釋衣服〉에 "윗도리를 '의衣'라고 하고…… 아랫도리를 '상裳'이라고 한다.〔上曰 衣……下曰 裳〕"라고 하였다.

→《시경》〈정풍鄭風 건상褰裳〉에 "그대가 나를 사랑하고 그리워한다면 저는 치마를 걷고 진수의 강물을 건널 것입니다.〔子惠思我 褰裳涉溱〕"라고 하였다.

⇒ 뜻을 결정한 의衣와 발음을 결정한 상尙이 합쳐졌다.

## 58. 屨(신 구)·履(신 리)·鞋(신 혜) : 신

① 屨 : 《설문해자》에 "구屨는 신이다.〔屨 履也〕"라고 하였다. 고대 전적에 등장하는 구屨는 칡이나 마麻를 엮어서 만든 신발을 이른다.

→ 《시경》 〈제남齊風 남산南山〉에 "엉성하게 만든 칡 신발로 서리를 밟을 수 있을까?〔糾糾葛屨 可以履霜〕"라고 하였다.

⇒ 리履에서 복复을 생략한 형태를 갖추어 '신'의 뜻을 결정하였고 루婁는 발음을 결정하였다.

② 履 : 《설문해자》에 "리履는 발이 의탁하는 것이다.〔履 足所依也〕"라고 하였다. 마麻를 엮어서 만든 신발을 이른다.

→ 《방언方言》에 "실로 만든 것을 '리履'라고 한다.〔絲作之者 謂履〕"라고 하였다.

⇒ 발음을 결정한 시尸와 신고서 길을 오가는 신발을 의미하는 복復이 합쳐진 글자이다.

③ 鞋 : 한나라를 기준으로 이전에는 '구屨', 이후에는 '리履'라고 하였다. 또한 '혜鞋'자는 남북조 이후에 생긴 글자인데, 당나라 이후에는 '리履'라는 글자로 통칭되기도 하였다. 글자의 모양에서도 확인이 되듯 가죽으로 만든 신발을 이르는데, 이는 동진東晉 이후 집권한 목축을 하는 북방민족들이 가죽으로 신발을 만들던 풍습에서 자리 잡게 된 글자이다.

→ 《안씨가훈》에 "그 재산을 몰수하여 장부에 올리는데, 미투리가 한 집 가득이었고 낡은 옷은 몇 창고나 되었으며 그 나머지 재물은 이루 말할 수가 없었다.〔籍其家産 麻鞋一屋 弊衣數庫 其餘財寶 不可勝言〕"라고 하였다.

⇒ 가죽〔革〕으로 홀〔圭〕처럼 만든 신발을 말한다.

## 59. 襁(포대기 강)·褓(포대기 보) : 포대기

① 襁 : 《설문해자》와 《정자통正字通》에 "강襁은 아이를 업는 옷이다.〔襁 負兒衣也〕"라고 하였다. 등 뒤에 아이를 업는 도구로 단단히 아이를 동여매는 끈을 이른다.

→ 《논어》 〈자로子路〉에 "이와 같다면 사방의 백성들이 강보에 아이를 업고서라도 이를 것이다.〔夫如是 則四方之民 襁負其子而至矣〕"라고 하였다.

⇒ 단단하게〔强〕 아이를 업는 옷〔衣〕을 이른다.

② 褓 : 《설문해자》에 "보褓는 포대기이다.〔褓 小兒被也〕"라고 하였다. 아이를 감싸서 등에 업는 이불과 같은 천을 이르는 것으로, '포抱'라고도 쓴다.

→ 《한서》 〈가의전賈誼傳〉에 "옛날 성왕이 어려 강보 안에 있었는데〔昔成王 幼在襁抱之中〕"라고 하였다.

⇒ 어린아이를 보호하기〔保〕 위해 감싸는 옷〔衣〕을 이른다.

## 60. 帶(띠 대)·紳(띠 신) : 띠

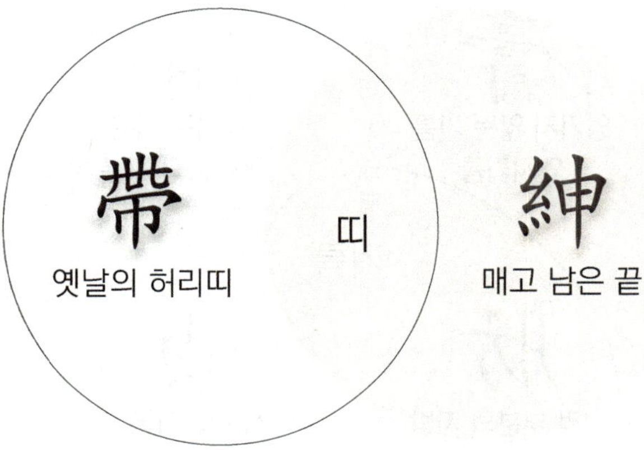


① 帶 : 《설문해자》에 "대帶는 끈이다.〔帶 紳也〕"라고 하였다. 옛날의 허리띠를 이르는 말로 남자들은 가죽으로 된 허리띠를 여자들은 천으로 된 허리띠를 맸다.

→ 《논어》 〈공야장公冶長〉에 "적은 예복에 띠를 매고 조정에서 서서 빈객과 더불어 이야기를 나눌 만하지만 그가 어진지는 모르겠소.〔赤也 束帶立於朝 可使與賓客言也 不知其仁也〕"라고 하였다.

⇒ 드리워진 천〔巾〕으로 된 끈을 이른다.

② 紳 : 《설문해자》에 "신紳은 큰 끈이다.〔紳 大帶也〕"라고 하였다. 실로 만든 띠는 매우 넓어 허리에 매고 나면 띠의 끝이 몸 앞으로 드리워지는데 이 부분을 '신紳'이라고 한다.

→ 《논어》 〈향당鄕黨〉에 "머리를 동쪽으로 두시고, 조복을 몸에 걸치고 띠를 그 위에 걸쳐놓으셨다.〔東首加朝服拖紳〕"라고 하였다.

⇒ 실〔糸〕로 아래로 길게 펼쳐진〔申〕 끈을 이른다.

## 61. 膏(기름 고)·脂(기름 지)·肪(기름 방)·油(기름 유) : 기름

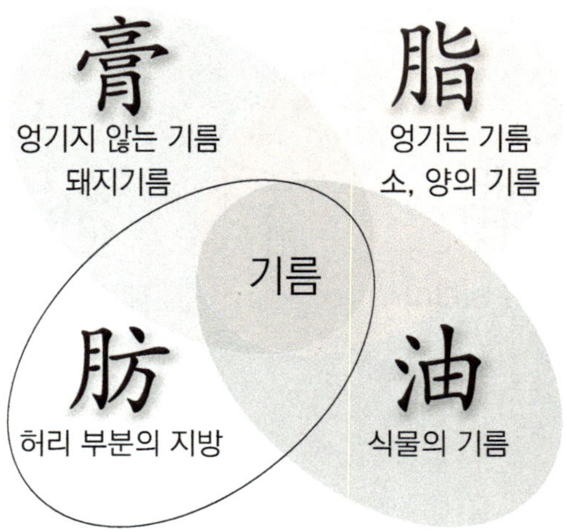


① 膏 : 《설문해자》에 "고膏는 살찐 것이다.〔膏 肥也〕"라고 하였다.

→ 《주례》 〈고공기考工記 재인梓人〉의 주석에 "지脂는 소와 양 따위의 기름, 고膏는 돼지 따위의 기름을 말한다.〔脂 牛羊屬 膏 豕屬〕"라고 하였다.

→ 《예기》 〈내칙內則〉의 주에 "엉기는 것을 '지脂', 녹은 것을 '고膏'라고 한다.〔凝者爲脂 釋者爲膏〕"라고 하여, 점성粘性이 있어서 불을 붙이거나 윤활제로 사용하는 것을 '고膏'라고 한다.

→ 《후한서》 〈동이전東夷傳〉에 "읍루국 사람들은 돼지 기르는 것을 좋아하여 돼지고기를 먹고 그 가죽으로 옷을 만들어 입었으며 겨울에는 돼지기름을 몸에 발라 두께가 몇 푼이나 되는데 이로써 바람을 막았다.〔挹婁國 好養豕 食其肉 衣其皮 冬以豕膏塗身厚數分 以禦風〕"라고 하였다.

⇒ 살〔月〕 위로 두툼하게 부풀어 오른〔高〕 지방을 이른다.

② 脂 : 여자들이 사용하는 화장품의 일종인 '연지臙脂'와 '지분脂粉'은 바르는 것이고, 고膏의 경우처럼 칠하는 것이 아니다. 또한 지촉脂燭의 경우처럼 초를 만드는 재료로 쓰이기도 한다. 또한 '송지松脂'와 '수지樹脂'의 경우처럼 엉김을 이르는 뜻으로도 쓰인다.

→ 《논형》〈행우幸偶〉에 "혹은 기름 촛불로 태우기도 하고 혹은 마른 풀을 굽기도 한다.〔或爍脂燭 或燔枯草〕"라고 하였다.

⇒ 기름진 맛있는〔旨〕 고기〔⺝〕를 이른다.

③ 肪 : 《육서고六書攷》에 "지脂는 지방이 두터운 것이다.〔脂 脂膏之厚者也〕"라고 하였다. 특히 허리부분의 지방을 이르며 체강體腔 내벽에 있는 기름을 이른다.

→ 《통속문通俗文》에 "지방이 허리에 있는 것을 '방肪'이라고 한다.〔脂 在腰曰肪〕"라고 하였다.

⇒ 덩어리진〔方〕 고기〔⺝〕를 이른다.

④ 油 : 일반적으로 식물의 기름을 이른다. 선진先秦시대에는 '빛나다'는 뜻의 형용사로 주로 사용되었다.

→ 《삼국지》〈위서魏書 만총전滿寵傳〉에 "소나무를 꺾어서 횃불을 만들고 마기름을 부어 바람 부는 곳을 따라 불을 놓았다.〔折松爲炬 灌以麻油 從上風放火〕"라고 하였다.

⇒ 물기〔氵〕로 말미암아〔由〕 번들거리는 기름기를 이른다.

## 62. 饌(반찬 찬)·膳(반찬 선) : 반찬

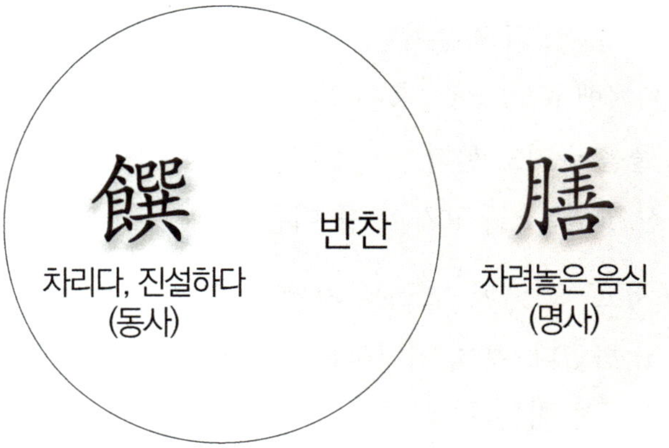


① 饌 : 《설문해자》에 "찬饌은 진설해 놓은 음식이다.〔饌 具食也〕"라고 하였다. 먹는 음식을 이르며, 술과 밥, 채소 등의 음식을 포괄하여 지칭한다.

→ 《논어》〈위정爲政〉에 "〈부형父兄에게〉 일이 있으면 자제子弟들이 그 수고로움을 대신하고, 술과 밥이 있으면 부형에게 잡수시게 하는 것을 효孝라고 할 수 있겠는가.〔有事 弟子 服其勞 有酒食 先生饌 曾是以爲孝乎〕"라고 하였다.

⇒ 여러 음식〔食〕 가운데 맛있는 것을 골라〔巽〕 베풀다는 의미이다.

② 膳 : 《설문해자》에 "선膳은 진설해 놓은 음식이다.〔膳 具食也〕"라고 하였다. 찬饌과 같은 뜻으로 쓰이지만, 찬饌은 주로 동사로 쓰이고 선膳은 주로 명사로 쓰인다.

→ 《춘추좌씨전》 민공閔公 2년에 "태자는 종묘의 제사의 제물을 받들며 아침저녁으로 임금의 음식을 살피는 사람이다.〔太子 奉冢祀社稷之粢盛 以朝夕視君膳者也〕"라고 하였다.

⇒ 맛있는〔善〕 고기〔⺼〕를 진설한 음식을 이른다.

## 63. 穴(구멍 혈)·窟(굴 굴)·洞(굴 동) : 굴

① 穴 : 《설문해자》에 "혈穴은 흙집이다.〔穴 土室也〕"라고 하였다. 옛날 집을 지을 줄 모르던 때 자연적으로 형성된 토굴을 의미한다.

→ 《주역》 〈계사전 하繫辭傳 下〉에 "상고시대에는 사람들이 굴이나 들에 살았다.〔上古穴居而野處〕"라고 하였다.

⇒ 굴의 입구〔宀〕와 굴의 양쪽 벽면〔八〕을 본뜬 상형자이다.

② 窟 : 《옥편》에 "굴窟은 방이다.〔窟 室也〕"라고 하였다. 반쯤 땅을 파고 살았던 것으로 혈穴과 비슷하여 사람이나 동물이 사는 곳을 말한다. 혈穴은 인공적이지 않은 천연적인 동굴, 굴窟은 인공적인 굴의 차이가 있다.

→ 《예기》 〈예운禮運〉에 "옛날 선왕은 궁실이 없어 겨울이면 굴을 만들었다.〔昔者 先王 未有宮室 冬則營窟〕"라고 하였다.

⇒ 몸을 굽혀〔屈〕 들어가는 작은 구멍〔穴〕을 이른다.

③ 洞 : 혈穴과 마찬가지로 자연적인 동굴로, 세상과 벗어난 신선들

이 거처하는 곳의 뜻으로도 쓰인다. 동洞은 통通이나 통筒과 뜻이 통하여 관통된 상태, 밑이 없다고 여길 정도로 깊은 굴을 이른다.

→ 《삼국지》 〈오서吳書 노숙전魯肅傳〉에 "활을 당겨 쏘자 화살이 모두 꿰뚫었다.〔引弓射之 矢皆洞貫〕"라고 하였다.

⇒ 물〔氵〕이 동일〔同〕한 방향으로 흐르게 뚫린 굴을 이른다.

## 64. 庖(부엌 포)·廚(부엌 주) : 부엌

① 庖 : 《설문해자》에 "포庖는 부엌이다.〔庖 廚也〕"라고 하였다. 포庖는 포炮, 통째로 구울 포와 연원을 같이 하며 주로 불을 이용하여 조리하는 곳을 이른다.

→ 《맹자》 〈등문공 하滕文公下〉에 "부엌에는 살찐 고기가 있고, 마구간에는 살찐 말이 있다.〔庖有肥肉 廐有肥馬〕"라고 하였다.

⇒ 집〔广〕에 모든 음식을 품고〔包〕 있는 부엌을 이른다.

② 廚 : 《설문해자》에 "포庖는 주방이다.〔庖 庖屋也〕"라고 하였다.

→ 《맹자》 〈양혜왕 상梁惠王 上〉에 "이 때문에 군자는 주방을 멀리하는 것이다.〔是以君子遠庖廚也〕라는 구절에 가장 먼저 보이는데, 주로 포주庖廚의 형태로 연용해서 주로 쓰인다. 이 글자는 제나라와 노나라 일대의 방언으로, 진한秦漢시대 이후에는 '주廚'자가 점점 '포庖'자를 대신하여 쓰이게 된다. 주廚는 저儲와 연원을 같이 하여 주로 고기와 음식물을 보관하던 곳을 이른다.

→ 《진서晉書》 〈고개지전顧愷之傳〉에 "개지가 일찍이 한 궤의 그림을 …… 환현에게 주었다.〔愷之 嘗以一廚畵 …… 寄桓玄〕"라고 하였다.

⇒ 건축물의 뜻을 가진 엄广과 발음을 결정한 주尌가 합쳐졌다.

## 65. 序(학교 서)·庠(학교 상)·校(학교 교)·塾(글방 숙) : 학교

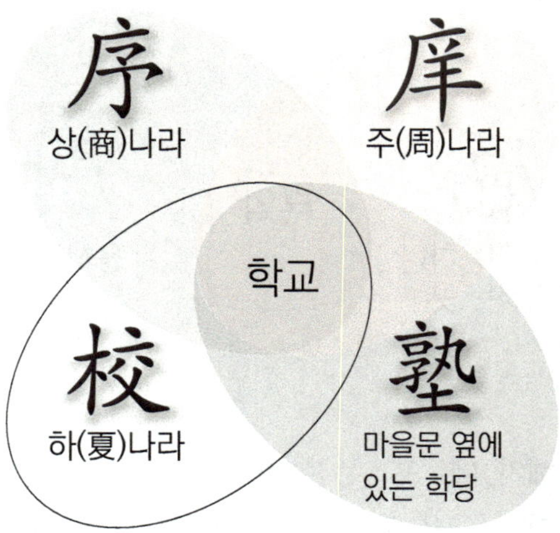


① 序 : 《설문해자》에 "서序는 동서로 나 있는 담장이다.〔序 東西墻也〕"라고 하였다. 씨족사회 때 공동으로 모여 살던 가옥 구조에서 서序를 중심으로 일반 집들이 둘러싸고 있고, 그 가운데 공동으로 사용하던 건축구조물이 바로 서序이다. 주로 공공의 목적으로 청소년들의 교육을 위해 사용되던 곳이다. 상商나라 때의 학교를 이르는 명칭으로도 쓰였다.

→ 《대대례》 〈왕언王言〉에 "증자가 두려워하며 뒤로 물러나 서를 등지고 섰다.〔曾子 懼退 負序而立〕"라고 하였다.

⇒ 차례대로 늘어 서 있는 가옥〔广〕과 발음을 결정한 여予가 합쳐졌다.

② 庠 : 《설문해자》에 "상庠은 예관들이 노인을 봉양하던 곳이다.〔庠 禮官養老處〕"라고 하였다. 씨족시대 배우자를 잃은 노인들이 함께 사용하던 곳이었다. 당시 노인들은 선생의 역할을 하였는데, 이

곳이 바로 교육의 장소였던 것이다. 주周나라 때의 학교를 이르는 말로도 쓰인다.

→《예기》〈왕제王制〉에 "나이가 많은 늙은이들은 모두 상에 모였다.〔耆老 皆朝于庠〕"라고 하였다.

⇒ 건축물이라는 뜻을 결정한 엄广과 발음을 결정한 양羊이 합쳐졌다.

③ 校 :《설문해자》에 "교校는 나무로 만든 울타리이다.〔校 木囚也〕" 라고 하였다. 하夏나라의 학교로, 조선시대 교육기관인 향교鄕校에도 이 글자가 쓰인다.

→《춘추좌씨전》 양공襄公 31년에 "정나라 사람이 향교에서 노닐었다.〔鄭人 遊于鄕校〕"라고 하였다.

⇒ 나무〔木〕를 엮어서〔交〕 만든 건축물을 이른다.

④ 塾 :《설문해자》에 "숙塾은 문 옆에 있는 집이다.〔塾 門側堂也〕"라고 하였다. 이때의 문은 일반 가옥의 문이 아닌 마을의 큰 문을 말한다. 그 옆에 지은 집은 교화의 목적으로 세운 학당學堂을 이른다.

→《예기》〈학기學記〉에 "옛날의 가르침에는 가家에는 '숙塾', 당黨에는 '상庠', 술術에는 '서序', 국國에는 '학學'이 있었다.〔古之教者 家有塾 黨有庠 術有序 國有學〕"라고 하였다.

⇒ 대문의 곁에 흙〔土〕을 높이 쌓아 만든 집과 발음을 결정한 숙孰이 합쳐졌다.

## 66. 倉(곳집 창)·廩(곳집 름)·囷(곳집 균) : 곳집, 창고

① 倉 : 《설문해자》에 "창倉은 곡식을 저장하는 곳이다.〔倉 穀藏也〕"라고 하였다. 도정하기 전 곡식을 저장하는 곳이다.

→ 《시경》 〈소아小雅 보전甫田〉에 "천 개의 창고가 필요하고 만 개의 상자가 필요하다.〔求千斯倉 乃求萬斯箱〕"라고 하였다.

⇒ 지붕〔亼〕과 한쪽 문〔戶〕과 기단〔口〕을 갖춘 건축물의 모양을 본뜬 글자이다.

② 廩 : 《설문해자》에 "름廩은 곡식을 거두어들이는 곳이다.〔廩 穀所振入也〕"라고 하였다. 입구는 좁고 배는 커다랗게 생긴 곡식을 저장하는 그릇으로 주로 도정한 곡식을 저장한다.

→ 《예기》 〈월령月令〉에 "유사에게 명하여 창고 문을 열어 곡식을 가난한 사람들에게 주고 궁핍한 사람들을 진휼하였다.〔命有司發倉廩 賜貧窮 振乏絶〕"라고 하였다.

⇒ 곡식〔稟〕을 저장하는 집〔广〕을 이른다.

③ 囷 :《설문해자》에 "균囷은 름廩 중에서도 둥근 것이다.〔囷 廩之圜者〕"라고 하였다.

→《주례》〈고공기考工記 장인匠人〉의 주에 "둥근 것을 '균囷', 모난 것을 '창倉'이라고 한다.〔圓曰囷 方曰倉〕라고 하였다. 균囷은 곤捆과 같은 어원을 가져 둥글게 묶는 방법으로 곡식은 저장해 두는 방식을 이른다. 도정하기 전의 곡식과 도정한 후의 곡식을 모두 보관한다.

→《석명釋名》〈석궁실釋宮室〉에 "균囷은 '말아두다'는 뜻으로, 저장한 물건을 단단하게 묶는 것이다.〔囷 綣也 藏物繾綣束縛之也〕"라고 하였다.

⇒ 네모난〔口〕 창고 안에 곡식〔禾〕을 두고 있는 모습을 본떴다.

## 67. 基(터 기)·址(터 지) : 바탕

① 基 : 《석명釋名》 〈석언어釋言語〉에 "기基는 의지하는 것이다. 아래 있으면서 건물이 의지하는 것이다.〔基 據也 在下 物所依據也〕"라고 하였다. 오늘날의 '토대', '지반' 등의 뜻으로 쓰인다.

→ 《진서晉書》 〈후량주흠전後涼主歆傳〉에 "지반이 꺼지고 땅이 갈라지는 것은 대흉의 징조이다.〔基陷地裂 大凶之徵〕"라고 하였다.

⇒ 키〔其〕와 같은 도구에 흙〔土〕을 담아 기초를 다진다는 의미이다.

② 址 : 기基와 같은 뜻이다. 《설문해자》에 "지址는 기반이다.〔址 基也〕"라고 하였다. 지址는 예전의 '지趾'자로 바로 '발', '다리'의 뜻이다. 다리는 사람의 신체에서 맨 아래에 있는 부위이므로, 사물의 아랫부분을 비유하여 쓰이기도 한다.

→ 왕안석王安石의 〈유포선산기遊褒禪山記〉에 "포선산을 또한 화산이라고 한다. 당나라 승려 혜포慧褒가 그 터에 처음으로 집을 지었다.〔褒禪山 亦謂之華山 唐浮圖慧褒 始舍於其址〕"라고 하였다.

⇒ 지址는 사람이 발길을 멈추고〔止〕 살만한 곳에 터를 잡은 땅〔土〕을 이른다.

## 68. 羹(국 갱)·湯(국 탕) : 국

① 羹 : 전국시대 이전에 고기나 채소 등으로 만든 국물이 있는 음식으로, 채소국처럼 비교적 농도가 진하였다. 예컨대 '어갱(魚羹, 물고기국)', '채갱(菜羹, 나물국)', '육갱(肉羹, 고깃국)', '두부갱(豆腐羹, 두붓국)' 등이 있다. 갱羹은 탕湯과 바꾸어 쓸 수 있다.

→《맹자》〈고자 상告子 上〉에 "한 표주박의 밥과 한 그릇의 국을 얻으면 살고 얻지 못하면 죽는다.〔一簞食 一豆羹 得之則生 不得則死〕"라고 하였다.

⇒ 맛있는〔美〕 양고깃국〔羔〕을 이른다.

② 湯 : 《설문해자》에 "탕湯은 뜨거운 물이다.〔湯 熱水也〕"라고 하였다. 탕湯은 당나라 이전에는 따뜻한 물, 끓인 물을 가리키는 말이었다. 탕湯이 채소국〔菜湯〕을 이르는 경우는 뒤에 생겨났다.

→《논어》〈계씨季氏〉에 "선을 보면 미치지 못하는 것과 같이 하고 불선을 보면 마치 뜨거운 물을 만지는 것과 같이 하라.〔見善如不及 見不善如探湯〕"라고 하였다.

⇒ 물〔氵〕을 양〔昜〕의 기운이 강한 불로 끓인 것을 이른다.

## 69. 冕(면류관 면)·旒(면류관 류) : 관

① 冕 : 《설문해자》에 "면冕은 대부 이상의 관冠이다.〔冕 大夫以上冠也〕"라고 하였다. 본래는 사대부들이 쓰는 예모禮帽였지만 후대에 황관皇冠을 가리키는 글자로만 쓰였다.

→《회남자》〈주술훈主術訓〉에 "옛날의 왕은 면류관을 쓰고 앞에 술을 드리운다.〔古之王者 冕而前旒〕"라고 하였다.

⇒ 모자를〔冃〕 푹 눌러 쓰고 있는 사람〔免 : 冖+人〕의 모양을 본떴다.

② 旒 : 황제가 쓰는 관冠의 앞뒤로 드리운 구슬을 이른다.

→《한서》〈동방삭전東方朔傳〉에 "면에 앞에 구슬을 드리우는 것은 환하게 다 보는 것을 가리기 위함이오, 주광을 귀에 붙이는 것은 귀 밝게 듣는 것을 막기 위함이다.〔冕而前旒 所以蔽明 黈纊充耳 所以塞聰〕"라고 하였다.

⇒ 깃발〔㫃〕처럼 아래로 드리운〔㐬〕 구슬을 이른다.

## 70. 瞽(맹인 고)·瞍(맹인 수)·盲(맹인 맹) : 장님

瞽 고대의 악사樂師

盲 눈동자가 없는

瞍 노안老眼

① 瞽 : 눈을 다치거나 눈병을 앓아 안구가 함몰된 장님을 이른다. 고대의 악사樂師는 눈이 없는 사람이기 때문에 고대의 악사를 '고瞽'라고 하였다. 때문에 고瞽는 스스로를 '맹신盲臣'이라고 자칭하였다.

→《국어》〈주어 상周語上〉에 "눈동자가 없는 것을 '고瞽'라고 한다.〔無目曰 瞽〕"라고 하였다.

→《논어》〈자한子罕〉에 "공자께서는 자최齊衰를 입은 자와 관복冠服을 차려 입은 자와 장님을 보시면 만날 적에 비록 나이가 젊더라도 반드시 일어나시며, 그 곁을 지나실 적에는 반드시 종종걸음 하셨다.〔子見齊衰者 冕衣裳者 與瞽者 見之 雖少必作 過之 必趨〕"라고 하였다.

⇒ 눈〔目〕 없이 악기〔鼓〕를 다루는 사람을 이른다.

② 瞍 : 《옥편》에 "수瞍는 눈동자가 없는 것이다.〔瞍 無牟子也〕"라고

하였다. 《설문해자주》에 "안구가 없는 것과 눈동자가 없는 것은 다르다. 눈동자 없는 경우는 흑백이 구분되지 않고, 안구가 없는 경우는 눈 안이 텅 비어 아무것도 없는 것이다.〔無目與無牟子別 無牟子者 黑白不分 無目者 其中空洞无物〕"라고 하였다.

→ 《국어》 〈진어晉語〉에 "장님은 앞을 보게 할 수 없고 벙어리는 말을 하게 할 수 없다.〔矇瞍不可使視 嚚喑不可使言〕"라고 하였다.

⇒ 눈동자〔目〕가 늙은 사람〔叟〕처럼 기능이 떨어져 보이지 않는 상태를 이른다.

③ 盲 : 《설문해자》의 "맹盲은 눈에 눈동자가 없는 것이다.〔盲 無目眸子也〕"에 대한 단옥재段玉裁 주에 "눈동자가 없는 것은 흑백이 구별되지 않는 것이다.〔無眸子也 黑白不分是也〕"라고 하였으니, 안구는 있지만 눈동자가 없어 보지 못하는 것이다. 고수瞽瞍는 악사樂師를 이르는 말로 악기를 연주하는 사람은 모두 장님으로 충당하였기 때문에 악관樂官을 이르는 말로도 쓰이지만, 맹盲에는 그러한 뜻이 없다.

→ 《회남자》 〈태속훈泰俗訓〉에 "맹盲은 눈의 형태는 있지만 보지 못하는 것이다.〔盲者 目形存而無能見也〕"라고 하였다.

⇒ 눈동자〔目〕가 없는〔亡〕 것처럼 보이지 않는 것을 이른다.

## 71. 屎(똥 시)·糞(똥 분) : 똥

① 屎 : 《설문해자》에 "시屎는 똥이다.〔屎 糞也〕"라고 하였다. 선진先秦시대 문헌에서는 일반적으로 시屎를 '시矢'라고 표현하였다. 그 예로 《춘추좌씨전》 문공文公 18년에 "말똥 속에 묻었다.〔埋之馬矢之中〕"라고 하였다. 이를 통해 본다면 시屎는 시矢보다 후대에 만들어진 글자로 한나라 이후에도 쓰임이 그다지 많지 않았다.

→ 《장자》 〈지북유知北遊〉에 "어째서 더 심해집니까? 똥이나 오줌에도 있소!〔曰何其愈甚邪 曰在屎溺〕"라고 하였다.

⇒ 앉아 있는 사람〔尸〕의 엉덩이 아래로 나오는 대변을 표현한 것인데 미米가 합쳐져 대변은 쌀이 변한 것이라 하였다.

② 糞 : 《설문해자》에 "분糞은 버리는 것이다.〔糞 棄除也〕"라고 하였다. 선진先秦시대에는 청소하여 쓰레기를 버리는 것을 이르는 말이었는데, 이후 의미가 변하여 더럽고 쓸모없어 버리는 대상인 '똥'이라는 뜻으로 파생되었다.

→《논어》〈공야장公冶長〉에 "거름으로 만든 담장은 흙손질할 수가 없다.〔糞土之牆 不可杇也〕"라고 하였다.

⇒ 미米와 이異가 합쳐진 글자로 보이지만 원래는 두 손에 삼태기〔異〕를 들고 쓰레기〔米〕를 청소하는 모양을 본떴다.

## 72. 疾(병 질)·病(병 병) : 병

① 疾 : 《설문해자》에 "질疾은 병이다.〔疾 病也〕"라고 하였다. 훈고학자들의 견해에 따르면 일반적인 병을 '질疾', 위중한 병을 '병病'이라고 한다고 구분하고 있지만 명확하지 않다.

→ 《맹자》 〈공손추 하公孫丑 下〉에 "맹자가 '지금은 병이 조금 나았습니다.'라고 대답하였다.〔孟子對曰 今病小愈〕"라고 하였다.

⇒ 화살〔矢〕을 맞아 부상을 당한 사람이 침대〔疒〕에 누워 있는 모습을 본떴다. 자형으로 보자면 외상을 입은 사람을 말한다.

② 病 : 《설문해자》에 "병病은 병이 심해지는 것이다.〔病 疾加也〕"라고 하였다. 오랫동안 낫지 않는 만성적인 병을 뜻한다.

→ 《사기》 〈귀책열전龜策列傳〉에 "문왕이 병으로 죽자 시체를 싣고 갔다.〔文王病死 載尸以行〕"라고 하였다.

⇒ 아파서 누워 있다는 의미를 가진 녁疒과 발음을 결정한 병丙이 합쳐졌다.

○ '질疾'은 전염병, 상처로 인한 병, 또는 통증이나 고통을 수반하는 병을 이르고, '병病'은 '묵은 병', '속병', 또는 '피로가 과로하여 생기는 병'이나 '굶주려 생기는 병', '무기력하여 생기는 병'으로 구분된다.

## 73. 姿(모양 자)·態(모양 태) : 모양

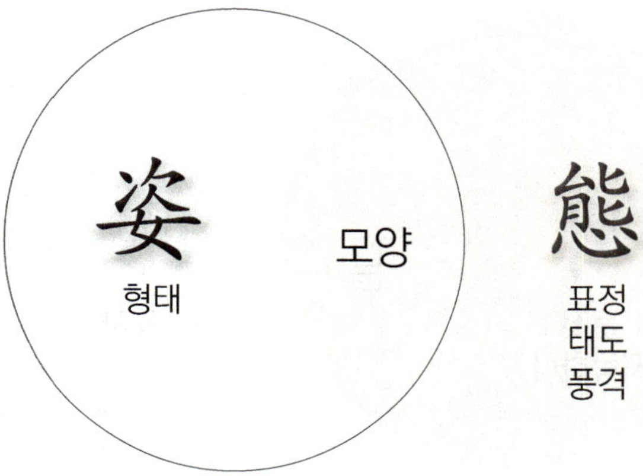


① 姿 : 《설문해자》에 "자姿는 모양이다.〔姿 態也〕"라고 하였다. 그 뜻이 형체를 나타내는데 치우친다.

→ 《후한서》 〈주거전周擧傳〉에 "행동거지의 모습은 보잘것 없었지만 박학하고 견문이 넓었다.〔擧姿貌短陋 而博學洽聞〕"라고 하였다.

⇒ '여자의 맵시'의 뜻을 가진 녀女와 발음을 결정한 차次가 합쳐졌다.

② 態 : 《설문해자》에 "태態는 마음상태를 이른다.〔態 意態也〕"라고 하였다. 그 의미는 행위를 통하여 밖으로 드러나는 표정이나 태도, 또는 풍격 등을 이른다.

→ 《순자》 〈도신臣道〉에 "교묘하게 민첩하고 아첨을 잘하여, 군주에게 총애를 받는다. 이러한 사람을 '태신態臣'이라고 한다. 〔巧敏佞說 善取寵乎上 是態臣者也〕"라고 하였다.

⇒ 마음〔心〕 속의 능력〔能〕이 밖으로 드러나는 상태를 이른다.

## 74. 目(눈 목)·眼(눈 안) : 눈

① 目 : 《설문해자》에 "목目은 사람의 눈이다.〔目 人眼也〕"라고 하였다. 목目은 상고시대에는 '눈'을 이르는 글자였는데, 오늘날에는 넓은 의미로 '눈'과 '눈짓', '지목하다' 등의 의미로 쓰인다.

→ 《사기》 〈염파인상여열전廉頗藺相如列傳〉에 "인상여가 눈을 부릅뜨고 그를 꾸짖었다.〔相如 張目叱之〕"라고 하였다.

⇒ 목目은 사람의 눈동자를 본뜬 상형자이다.

② 眼 : 《설문해자》에 "안眼은 눈이다.〔眼 目也〕"라고 하였다. 목目과 함께 '눈'을 말하였지만 위진魏晉 이후에 만들어진 사용된 글자이다. 목目에 비하여 범위가 비교적 좁다.

→ 《장자》 〈도척盜跖〉에 "비간의 심장이 갈라졌으며 자서는 눈알이 도려내졌으니, 이것은 충성을 바친 재앙이다.〔比干剖心 子胥抉眼 忠之禍也〕"라고 하였다.

⇒ 고개를 돌려 바라보는 사람〔艮〕의 눈동자〔目〕를 이른다.

## 75. 楹(기둥 영)·柱(기둥 주)·棟(용마루 동) : 기둥

① 楹 : 《설문해자》에 "영楹은 기둥이다.〔楹 柱也〕"라고 하였다. 이우李尤의 〈영명楹銘〉에 "본체는 강하고 반듯하면 비록 무겁더라도 움직이지 않아서 상하가 안정되어 높아도 위태롭지 않다.〔幹强體正 雖重不移 上下相安 高而不危〕"라고 하였다. 여기서 영楹은 지붕을 지탱하는 것을 이른다. 또 청당廳堂의 앞쪽에 있는 기둥을 이르기도 한다. 옛날 건축물의 당堂은 손님을 맞이하는 장소로 앞쪽에 담장이나 문을 설치하지 않고 양쪽 기둥이 밖으로 드러나게 지었는데, 이 두 기둥을 '동영東楹', '서영西楹'이라고 하였다.

→ 《춘추좌씨전》 성공成公 6년에 "동영의 동쪽에서 옥을 주는 예를 행하였다.〔授玉于東楹之東〕"라고 하였다.

⇒ 속이 꽉 차〔盈〕 전혀 흔들림이 없이 자란 나무〔木〕로 만든 기둥을 이른다.

② 柱 : 《광아廣雅》에 "주柱는 기둥을 이른다.〔柱 謂之楹〕"라고 하였

다. 원래는 '지탱하다'는 의미로 쓰이다가, 전국시대 말에 이르러 점차 지붕을 지탱하는 나무인 기둥의 의미로 쓰이게 된다.

→《순자》〈권학勸學〉에 "강한 나무는 저절로 기둥이 되고, 약한 나무는 저절로 땔감이 된다.〔强自取柱 柔自取束〕"라고 하였다.

⇒ 지붕을 버티고〔主〕 있는, 나무〔木〕로 만든 기둥을 뜻한다.

③ 棟 : 《석명釋名》〈석궁실釋宮室〉에 "동棟은 가운데이다.〔棟 中也〕"라고 하였다. 건물의 가운데를 차지하는 용마루를 이른다.

→〈동명棟銘〉에 "나라에는 임금을 보필하는 신하가 있고, 집에는 용마루와 기둥이 있다.〔國有維輔 屋有棟梁〕"라고 하였다.

⇒ 용마루를 만드는 재료인 목木과 발음을 결정한 동東이 합쳐진 글자이다.

## 76. 門(문 문)·戶(문 호)·扉(문짝 비)·扇(사립문 선) : 문

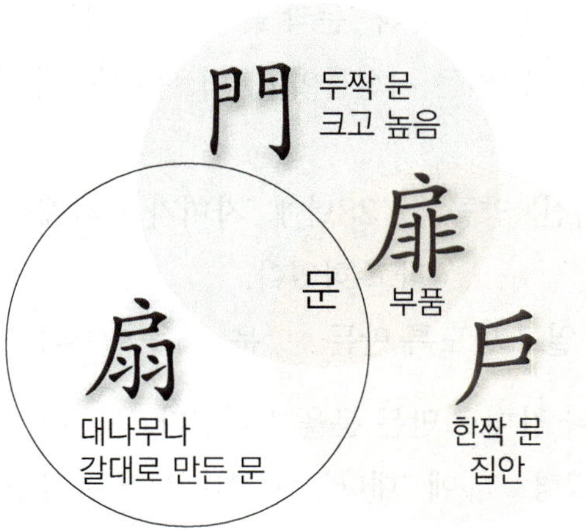


① 門 : 《설문해자》에 "문門은 두 개의 호戶가 합쳐졌다.〔門 二戶也〕"라고 하였다. 《일체경음의一切經音義》에 "방에 있는 것을 '호戶'라고 하고, 집의 구역에 달린 것을 '문門'이라고 한다.〔在於堂屋曰戶 在於宅區域曰門〕"라고 하였다. 문門은 호戶와 이를 마주보고 있는 또 다른 호戶가 합쳐진 두 짝 문으로 주로 성문城門, 이문里門 등의 경우처럼 수레나 말도 출입할 만큼 크고 높다.

→ 도연명陶淵明의 〈귀거래사歸去來辭〉에 "문은 비록 달려있지만 항상 닫혀있었다.〔門雖設而常關〕"라고 하였다.

⇒ 양쪽으로 호戶가 달린 두 짝문을 말한다.

② 戶 : 《설문해자》에 "문의 반쪽을 '호戶'라고 한다.〔半門曰 戶〕"라고 하였다.

→ 《예기》 〈예기禮器〉에 "방으로 들어갈 때는 호戶를 거치지 않는 자는 있지 않다.〔未有入室而不由戶者〕"라고 하였다.

⇒ 한짝 문을 본뜬 것으로, 주로 집안 내부에 설치한다.

③ 扉 :《설문해자》에 "비扉는 문짝이다.〔扉 戶扇也〕"라고 하였다. 비扉는 문門이나 호戶와 달리 '문짝'을 말한다. 문門과 호戶는 열고 닫으며 출입할 수 있는 시설물이고, 비扉는 문門과 호戶를 구성하는 부품이다.

→《춘추좌씨전》 양공襄公 28년에 "자미가 서까래를 뽑아 문짝을 쳤다.〔子尾 抽桷擊扉〕"라고 하였다.

⇒ 양쪽으로 열고 닫도록 만든〔非〕 문〔戶〕을 이른다.

④ 扇 : 대나무나 갈대로 만든 문을 가리킨다.

→《예기》〈월령月令〉에 "대나무나 갈대로 만든 것을 '선扇'이라고 한다.〔用竹葦曰 扇〕"라고 하였다.

⇒ 마치 새의 깃처럼〔羽〕 대나무나 갈대를 엮어 만든 한짝 문〔戶〕을 이른다.

## 77. 橋(다리 교)·梁(다리 량) : 다리

① 橋 : 《설문해자》의 "교橋는 물에 놓는 다리이다.〔橋 水梁也〕"에 대한 단옥재段玉裁 주에 "나무 하나로 만든 것을 '강杠', 나무 두 개를 나란히 하여 만든 것을 '량梁', 크면서 계단모양으로 오르내릴 수 있는 아치형 다리를 '교橋'라고 한다.〔獨木曰杠 駢木曰梁 大而爲陂陀者曰橋〕"라고 하였다. 그리고 교橋는 선진先秦 시대에 일반적으로 두레박을 말하는 것이었고, 다리로 사용되는 용례는 드물었다가 진한秦漢 이후에 '다리'라는 뜻으로 주로 쓰이게 되었다.

→ 《사기》〈진본기秦本紀〉에 "처음으로 황하의 다리를 만들었다.〔初作河橋〕"라고 하였다.

⇒ 나무〔木〕로 높게〔喬〕 만든 다리를 말한다.

② 梁 : 《설문해자》에 "량梁은 물에 놓는 다리이다.〔梁 水橋也〕"라고 하였다. 량梁은 비교적 넓고 큰 다리를 말하는데 물고기를 잡는 어량魚梁의 뜻으로도 쓰인다. 이는 물을 가로질러 물고기를 잡도

록 만든 구조물로 이 위로 사람들이 통행할 수 있었기 때문에 그러한 뜻을 가지게 되었다.

→ 《장자》 〈도척盜跖〉에 "미생이 여자와 다리 아래에서 만날 약속을 하였지만 여자는 오지 않았다. 물이 불어도 떠나지 않고 다리기둥을 붙들고 죽었다.〔尾生與女子期于梁下 女子不來 水至不去 抱梁柱而死〕"라고 하였다.

⇒ 물〔氵〕을 건너기 위해 나무〔木〕로 만든〔刅〕 것이다.

## 78. 舟(배 주)·船(배 선)·航(배 항) : 배

① 舟 : 선진先秦시대에는 일반적으로 배를 모두 '주舟'라고 칭하였는데, 나무로 만든 배를 이른다.

→ 《손자》 〈구지九地〉에 "오나라 사람과 월나라 사람들은 서로 미워하였으나 같은 배를 타고 강을 건너게 되었다.〔夫吳人與越人相惡 當其同舟而濟〕"라고 하였다.

⇒ 배의 모양을 본뜬 상형자이다.

② 船 : 《설문해자》에 "선船은 배이다.〔船 舟也〕"라고 하였다.

→ 《시경》 〈패풍邶風 곡풍谷風〉의 주에 "주舟는 옛날 이름이고, 지금은 '선船'이라고 한다.〔舟者 古名也 今名船〕"라고 한 것을 보면 동일한 뜻을 가진 글자지만 시대에 따라 달리 쓰였던 것임을 알 수 있다. 진한秦漢시대에 '선船'자가 유행하기 시작하여 함곡관 서쪽에서 배를 부르던 명칭으로 쓰였다.

→ 《초사》 〈섭강涉江〉에 "배와 함께 나아가지 못하고 빙빙 도는

소용돌이에 갇혀 머뭇거리네.〔船用與而不進兮 淹回水而凝滯〕"라고 하였다.

⇒ 물이 깊은〔㕣〕 곳에 떠가는 배〔舟〕를 이른다.

③ 航 : 《방언方言》에 "주舟를 함곡관 동쪽에서는 '항航'이라고 한다.〔舟 自關而東 或謂之航〕"라고 하였다.

→ 좌사左思의 〈오도부吳都賦〉에 "큰 고래가 배를 삼키고 거대한 고래는 물결을 토하네.〔長鯨吞航 修鯢吐浪〕"라고 하였다.

⇒ 물의 힘을 견디며〔亢〕 떠서 흘러가는 배〔舟〕를 이른다.

## 79. 歲(해 세)·年(해 년)·祀(해 사)·載(해 재) : 년

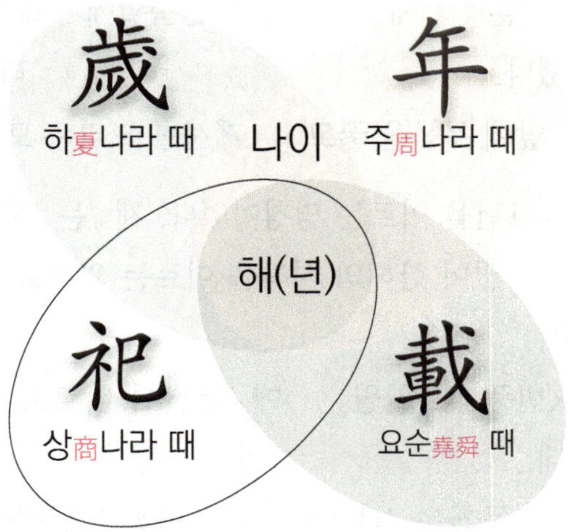


① 歲 : 하夏 나라에서 1년을 이르는 명칭이었다.

→《춘추좌씨전》 소공昭公 32년에 "월나라가 운이 좋은 해에 오나라가 공격하였으니 반드시 재앙을 받을 것이다.〔越得歲而吳伐之必受其凶〕"라고 하였다.

⇒ 날카로운 무기〔戌〕를 들고 나아가〔步〕 농작물을 수확하는 계절을 기준으로 한 해를 삼았다.

② 年 : 주周나라에서 1년을 이르는 명칭이었다. 년年과 세歲는 나이를 이르는 말로도 쓰이는데 관습적으로 보통 년年은 숫자 앞에, 세歲는 숫자 뒤에 쓰인다.

→《춘추곡량전》 환공桓公 3년에 "오곡이 모두 익으면 이를 '유년'이라 한다.〔五穀 皆熟爲有年也〕"라고 하였다.

⇒ 본래 자형은 년秊이다. 벼〔禾〕를 수확하여 지고 가는 사람〔千〕이 합쳐진 글자로, 농사를 마무리하는 한해의 끝을 이른다.

③ 祀 : 상商나라에서 1년을 이르는 명칭이었다. 사祀는 원래는 한해의 끝에 지내는 제사를 이르던 말이었다.

→《서경》〈이훈伊訓〉에 "원년 12월 을축일에 이윤이 선왕에게 제사를 지냈다.〔惟元祀 十有二月 乙丑 伊尹祠于先王〕"라고 하였다.

⇒ 신탁〔示〕 앞에 무릎을 꿇고〔巳〕 제사를 드리는 모습을 본떴다.

④ 載 : 요순 때 1년을 이르는 명칭이었다. 재載는 '시작되다', '비로소〔始〕'의 뜻이 있어 한해의 시작을 이르는 의미로 1년의 뜻을 가지게 되었다.

→《시경》〈빈풍豳風 칠월七月〉에 "봄날이 비로소 따뜻해져 꾀꼬리가 우네.〔春日載陽 有鳴倉庚〕"라고 하였다.

⇒ 수레〔車〕에 물건을 싣는다는 뜻과 발음을 결정한 재𢦏로 구성되었다.

## 80. 加(더할 가)·增(불을 증)·益(더할 익) : 더하다

① 加 : 《설문해자》에 “가加는 말이 증가되는 것이다.〔加 語相增加也〕” 라고 하였는데, 뜻이 파생되어 물건에 물건을 올려놓다는 뜻으로 쓰이게 되었다. ‘가加’는 다多·소少·손損·익益 등의 글자 앞에 쓰인다.

→ 《맹자》 〈양혜왕 상梁惠王 上〉에 “이웃 나라의 백성은 더 줄지 않고 과인의 백성은 더 늘지 않는 것은 무슨 까닭인가?〔隣國之民不加少 寡人之民不加多 何也〕”라고 하였다.

⇒ 과장되게 힘써〔力〕 말하는〔口〕 것으로 자신의 뜻이 진실하지 않기 때문에 그 옳음을 주장하기 위하여 이런저런 말을 더하는 것이다.

② 增 : 《설문해자》에 “증增은 더함이다.〔增 益也〕”라고 하였다. 증增의 본래 뜻은 중첩이나 같은 무리를 덧붙이는 것을 말한다. 한대漢代 이후 점차 사용빈도가 늘어났다. 여기서 증曾은 음식을 찌는

조리도구인 시루의 모양이다. 시루는 아래 솥의 끓는 물의 증기로 솥 위에 있는 음식을 찌게 하는 다층구조를 가지고 있어 중첩의 의미로 쓰이게 되었다.

→《설원》〈반질反質〉에 "궁실의 누각이 연속하여 서로 이어진다.〔宮室臺閣 連屬增累〕"라고 하였다.

⇒ 흙〔土〕이 점점 쌓여가는〔曾〕 상황에서 오늘날 '더하다'는 의미로 파생되었다.

③ 益 : 증增은 점차 익益으로 대체되었다. 익益의 본래 뜻은 '물이 더해져 넘쳐흐르다'는 뜻에서 '증가하다'는 의미로 쓰였다. 주로 추상적인 의미로 사용되고 있다.

→《여씨춘추》〈찰금察今〉에 "옹수가 갑자기 불었으나, 초나라 사람들은 몰랐다.〔澭水暴益 荊人弗知〕"라고 하였다.

→《한비자》〈정법定法〉에 "5년 동안 진나라 땅은 한 자도 늘어나지 않았다.〔五年而秦不益一尺之地〕"라고 하였다.

⇒ 그릇〔皿〕에 물〔水〕을 더하여 붓고 있는 모습을 본떴다.

## 81. 楫(노 즙)·枻(노 설) : 노

楫 가장 오래된 글자

노

枻 초楚나라 방언

① 楫 : 《설문해자》에 "즙楫은 노이다.〔楫 舟棹也〕"라고 하였다. 배를 저어 앞으로 나아가게 하는 도구인 '노'의 뜻을 가진 한자로 가장 먼저 문헌에 나타난 글자이다.

→ 《주역》〈계사전 하繫辭傳 下〉에 "나무를 쪼개어 배를 만들고 나무를 깎아 노를 만든다.〔刳木爲舟 剡木爲楫〕"라고 하였다.

⇒ 노를 만드는 재료인 나무〔木〕와 발음을 결정한 집咠이 합쳐졌다.

② 枻 : 《옥편》에 "설枻은 노이다.〔枻 楫也〕"라고 하였다. 설枻은 《초사》에서 가장 먼저 등장하는 것으로 보아 초楚나라의 방언으로 추정된다.

→ 굴원屈原의 〈어부사漁父辭〉에 "어부는 빙그레 웃으며 노를 두드리며 갔다.〔漁夫莞爾而笑 鼓枻而去〕"라고 하였다.

⇒ 노를 만드는 재료인 나무〔木〕와 발음을 결정한 세世가 합쳐졌다.

## 82. 軌(수레바퀴 궤)·轍(수레바퀴 철) : 수레바퀴

① 軌 : 《설문해자》에 "궤軌는 수레바퀴이다.〔軌 車轍也〕"라고 하였는데, 두 바퀴사이의 빈 공간을 이른다. 일정한 선을 따라 진행하여 영원히 벗어나지 않기 때문에 천체의 운행을 '궤軌'라고도 한다.

→ 《사기》〈소진전蘇秦傳〉에 "수레는 바퀴를 나란히 할 수가 없었고 기병은 나란히 갈 수가 없었다.〔車不得方軌 騎不得竝行〕"라고 하였다.

⇒ 뜻을 가진 거車와 발음을 결정한 구九가 합쳐졌다.

② 轍 : 《옥편》에 "철轍은 수레가 지나간 자취를 이른다.〔轍 車行迹〕"라고 하였다.

→ 《장자》〈외물外物〉에 "수레바퀴 자국 안에 붕어가 있었다.〔車轍中 有鮒魚焉〕"라고 하였다.

⇒ 수레〔車〕 바퀴가 지나가며〔徹〕 내는 흔적을 이른다.

## 83. 蹊(지름길 혜)·徑(지름길 경) : 지름길

① 蹊 : 《이아》〈석명釋名〉에 "걸어 다니는 길을 '혜蹊'라고 한다.〔步所用道曰 蹊〕"라고 하였다. 경徑보다 작은 길로, 밟아서 생긴 산간에 난 오솔길을 뜻한다.

→ 《사기》〈이장군열전李將軍列傳〉에 "북숭아나무와 오얏나무는 말은 하지 않지만 그 아래로 절로 길이 난다.〔桃李不言 下自成蹊〕"라고 하였다.

⇒ 뜻을 결정한 족足과 발음을 결정한 해奚가 합쳐졌다.

② 徑 : 《설문해자》에 "경徑은 걸어다니는 길이다.〔徑 步道也〕"라고 하였다. 경徑은 '작은 길'이라는 뜻으로만 쓰일 뿐 동사로 '밟다'는 뜻으로는 쓰이지 않는다.

→ 《주역》〈설괘전說卦傳〉에 "간艮은 산이 되고 작은 길이 되며 작은 돌이 된다.〔艮爲山 爲徑路 爲小石〕"라고 하였다.

⇒ 곧게〔巠〕 갈 수 있는 길〔彳〕을 이른다.

## 84. 阡(밭두둑 천)·陌(밭두둑 맥) : 밭두둑

① 阡 : 밭두둑 사이의 작은 길이나 일반적인 작은 길을 이른다.

→ 《풍속통의風俗通義》에 "남북으로 난 길을 '천阡', 동서로 난 길을 '맥陌'이라고 한다, 황하의 동쪽에서는 동서로 난 길을 '천阡', 남북으로 난 길을 '맥陌'이라고 한다.〔南北曰阡 東西曰陌 河東以東西爲阡 南北爲陌〕"라고 하였다.

⇒ 언덕〔阝〕을 사이로 남북으로 난 길을 이르며, 천千은 발음을 결정하였다.

② 陌 : 논밭과 들과 땅을 가리킨다.

→ 도연명陶淵明의 〈도화원기桃花源記〉에 "사방으로 난 밭 사이 길이 서로 이어지고, 닭과 개소리가 서로 들렸다.〔阡陌交通 鷄犬相聞〕"라고 하였다.

⇒ 흙〔阝〕으로 이루어진 밭 사이의 작은 길을 이르며, 백百은 발음을 결정하였다.

## 85. 途(길 도)·道(길 도)·路(길 로) : 도로, 길

① 途 : 수레 한 대가 지나갈 수 있는 폭으로 만든 길을 이른다. 크고 작은 길, 도성의 길, 시골의 길을 막론하고 모두 '도途'라고 한다.

→ 구양수歐陽脩의 〈취옹정기醉翁亭記〉에 "짐을 진 사람들은 길에서 노래하고 길을 가는 사람들은 나무 밑에서 쉬었다.〔負者歌於途 行者休于樹〕"라고 하였다.

⇒ 길을 가다가〔辶〕 쉬도록 만든 집〔余 : 舍의 생략자〕은 언제나 길에 짓기 때문에 길의 의미로 쓰인다.

② 道 : 두 대의 수레가 지나갈 수 있는 폭으로 만든 길을 이른다.

→ 《논어》 〈양화陽貨〉에 "길에서 듣고 길에서 말한다.〔道聽而途說〕" 라고 하였다.

⇒ 사람〔首〕이 다니는 길〔彳: 行의 생략자〕을 이른다.

③ 路 : 《설문해자》에 "로路는 길이다.〔路 道也〕"라고 하였는데, 수레

세 대가 지나갈 수 있는 폭으로 만든 길을 이른다. 또한 도성내의 길을 '가街'와 '항巷'이라고 하고 도성과 도성, 마을과 마을이 연결되는 길을 '도道'와 '로路'라고 한다.

→ 굴원屈原의 〈이소경離騷經〉에 "길은 끝없이 멀고도 멀도다. 내 장차 위아래로 현군을 찾아보리라.〔路漫漫其修遠兮 吾將上下而求索〕"라고 하였다.

⇒ 사람의 발〔足〕이 가는〔各〕 곳인 길을 이른다.

## 86. 廁(변소 측)·溷(변소 혼) : 화장실

① 廁 : 《옥편》에 "측廁은 변소이다.〔廁 圊溷也〕"라고 하였다.

→ 《춘추좌씨전》 성공成公 10년에 "음식을 먹으려고 할 때 배가 더부룩하여 변소에 갔다가 빠져 죽었다.〔將食 張 如廁 陷而卒〕"라고 하였다.

⇒ 측側과 어원을 같이 하며, 집〔广〕 옆〔則〕 잘 드러나지 않은 곳에 화장실을 둔데서 유래한 글자이다.

② 溷 : 《설문해자》에 "혼溷은 돼지가 있는 변소이다.〔溷 豕廁也〕"라고 하였다. 고대 민간에서는 늘 돼지우리를 변소로 사용하였다. 환圂에도 그 흔적이 남아 있는데, 이를 '저측豬廁'이라고 한다.

→ 《진서晉書》 〈좌사전左思傳〉에 "대문과 집안의 뜰, 울타리, 뒷간에 모두 붓과 종이를 두었다.〔門庭藩溷 皆著筆紙〕"라고 하였다.

⇒ 혼溷은 돼지우리〔圂〕의 배설물로 인하여 물기〔氵〕가 축축한 것을 말한다.

## 87. 皿(그릇 명)·器(그릇 기) : 그릇

器

용기容器

皿

사발
그릇

① 皿 : 《설문해자》에 "명皿은 음식을 먹을 때 사용하는 그릇이다.〔皿 飮器之用器也〕"라고 하였다. 명皿은 접시나 사발과 같은 그릇을 이르는 것으로 기器의 한 종류이다.

→ 《유양잡조酉陽雜俎》에 "당중에 있는 쇠그릇은 몇 되들이는 되었다.〔堂中有金皿 容數升〕"라고 하였다.

⇒ 그릇의 옆모습을 본뜬 상형자이다.

② 器 : 《설문해자》에 "기器는 그릇이다.〔器 皿也〕"라고 하였는데, 주로 용기容器를 이른다.

→ 《춘추좌씨전》 은공隱公 3년에 "대광주리와 쇠솥 같은 그릇이다.〔筐筥錡釜之器〕"라고 하였다.

⇒ 귀중한 여러 개의 그릇〔口〕을 개〔犬〕가 지키고 있는 상황을 본떴다.

## 88. 斧(도끼 부)·斤(도끼 근) : 도끼

① 斧 :《설문해자》에 "부斧는 쪼개는 것이다.〔斧 所以斫也〕"라고 하였다. 부斧는 가장 오래된 도구 중의 하나로 쪼개거나 베는데 사용되는 모든 도구를 이른다.

→《시경》〈빈풍豳風 벌가伐柯〉에 "도끼자루를 베려면 어떻게 해야 할까? 부斧가 아니면 되지 않는다네.〔伐柯如之何 匪斧不克〕"라고 하였다.

⇒ 손에 돌도끼를 들고 있는 부父와 뜻을 더욱 강조한 근斤이 합쳐졌다.

② 斤 :《설문해자》에 "근斤은 나무를 쪼는 도끼이다.〔斤 斫木斧也〕"라고 하였다. 근斤은 날이 가로로 된 도끼를 이르는데, 오늘날 자귀와 비슷하다.

→《장자》〈서무귀徐無鬼〉에 "장석이 도끼를 바람소리가 날 정도로 휘둘러 백토를 깎았는데, 백토는 다 깎였지만 코는 다치지

않았다.〔匠石運斤成風 聽而斲之 盡堊而鼻不傷〕"라고 하였다.

⇒ 근斤은 자루〔丅〕가 긴 도끼날〔𠂆〕을 가진 연장을 본뜬 상형자이다.

○ '부斧'와 '근斤'은 모두 도끼를 이르지만 '부斧'는 형구나 도끼 등 쓰임이 넓고, '근斤'은 나무를 쪼는 데 주로 사용하는 도구이다.

## 89. 針(바늘 침)·箴(바늘 잠) : 침

① 針 : 원래 '잠箴'·'침鍼'으로 쓰던 글자였는데, 오늘날의 자형은 당나라 이후에 생겨났다. 침針은 고대에는 옷을 꿰매는 도구일 뿐만이 아니라 의료용으로 사용하였다.

→ 《설원》 〈변물辨物〉에 "대롱으로 하늘을 보고 침으로 땅을 찌른다.〔以管窺天 以針刺地〕"라고 하였다.

⇒ 쇠〔金〕로 만든 뾰족한〔十〕 기구를 말한다.

② 箴 : 사람을 치료하는 침으로 이것이 확대되어, 사람의 잘못을 바로잡는 '경계', '경고' 등의 뜻으로도 쓰인다.

→ 《순자》 〈대략大略〉에 "지금 바늘을 잃어버린 사람이 하루 종일 찾아도 찾지 못했다.〔今夫亡箴者 終日求之而不得〕"라고 하였다.

⇒ 대나무〔竹〕를 깎아서 만든 침을 말하며, 함咸은 발음을 결정하였다.

## 90. 籌(투호살 주)·算(셀 산) : 수를 세다

① 籌 : 《설문해자》에 "주籌는 투호의 살이다.〔籌 壺矢也〕"라고 하였다. 옛날 연회 등에서 하던 놀이의 하나인데, 병에 화살을 던져 넣는 놀이이다. 그 병에 들어간 주籌의 숫자를 헤아려 점수를 계산하였다.

→ 《예기禮記》 〈투호投壺〉에 "주籌는 방에서는 5부, 당 위에서는 7부, 뜻에서는 9부로 한다.〔籌 室中五扶 堂上七扶 庭中九扶〕"라고 하였다.

⇒ 투호의 살을 만드는 재료인 죽竹과 발음을 결정한 수壽가 합쳐졌다.

② 算 : 《설문해자》에 "산算은 '세다'이다.〔算 數也〕"라고 하였다.

→ 《논어》 〈자로子路〉에 "한 말이나 한 말 두 되들이의 자잘한 사람들을 어찌 따질 것이 있겠는가.〔斗筲之人 何足算也〕"라고 하였다.

⇒ 대나무〔竹〕로 만든 주산〔目〕을 두 손〔廾〕으로 튕기는 모습을 본떴다. 이후 이 두 글자가 합쳐져 숫자를 계산하는 도구인 '주산籌算'이라고 쓰였다.

## 91. 弓(활 궁)·弩(활 노) : 활

① 弓 :《석명釋名》〈석병기釋兵器〉에 "크다는 뜻이다. 펼치면 하늘에 닿을 만큼 커지는 것이다.〔穹也 張之穹隆然也〕"라고 하였는데, 사람의 손으로 화살을 발사하는 무기를 이른다.

→《시경》〈대아大雅 공유公劉〉에 "활에 화살을 메기고 창과 방패를 들고〔弓矢斯張 幹戈戚揚〕"라고 하였다.

⇒ 활의 모양을 본뜬 상형자이다.

② 弩 :《설문해자》에 "노弩는 쇠뇌가 달린 활을 이른다.〔弩 弓有臂者〕"라고 하였는데, 전국시대에 발명한 무기로 기계의 힘을 이용하여 발사하는 무기이다.

→《사기》〈손자오기열전孫子吳起列傳〉에 "제나라 군대의 수많은 쇠뇌가 일제히 발사되었다.〔齊軍萬弩俱發〕"라고 하였다.

⇒ 종〔奴〕처럼 힘이 센 활〔弓〕을 이른다.

## 92. 矢(화살 시)·箭(화살 전) : 화살

① 矢 : 《설문해자》에 "시矢는 활과 쇠뇌의 화살이다.〔矢 弓弩矢也〕"라고 하였다. 선진先秦시대에는 화살에 해당되는 뜻을 가진 글자로 시矢를 쓰고 전箭을 쓰지 않았다.

→ 《한비자》 〈현학顯學〉에 "스스로 곧아질 화살을 바란다면 영원히 화살이 없을 것이다.〔夫必恃自直之箭 百世無矢〕"라고 하였다.

⇒ 화살의 모양을 본뜬 상형자이다.

② 箭 : 《설문해자》에 "전箭은 화살을 만드는 대나무이다.〔箭 矢竹也〕"라고 하였고, 《자림字林》에도 "전箭은 화살을 만드는 대나무이다.〔箭 矢竹也〕"라고 하였다. 진한秦韓시대 이후에는 전箭과 시矢가 혼용되기 시작하여 관동지역에서는 '시矢', 관서지역에서는 '전箭'이라고 달리 불리었다.

→ 《죽보竹譜》에 "화살용 대나무 중 큰 것은 한 길을 넘지 않고 마디는 3척이다.〔箭竹 高者不過一丈 節間三尺〕"라고 하였다.

⇒ 화살을 만드는 재료인 죽竹과 발음을 결정한 전前이 합쳐졌다.

## 93. 彈(탄알 탄)· 丸(탄알 환) : 탄환

① 彈 :《설문해자》에 "탄彈은 탄환을 날아가게 하는 것이다.〔彈 行丸也〕"라고 하였다.

→《설원說苑》〈선설善說〉에 "탄의 모양은 활과 같은데 대나무로 활줄을 만들었다.〔彈之狀如弓 而以竹爲弦〕"라고 하였다.

⇒ 탄환을 장전하여 쏘는 활〔弓〕을 가리키는데, 활을 당겨 쏘는 오늘날의 활과는 달리 작은 구슬을 장전하여 쏘는 무기로 전쟁〔單〕에서 멀리 있는 적을 물리치는 가장 효과적인 무기이다.

② 丸 :《설문해자》에 "환丸은 '둥글다'이다.〔丸 圜也〕"라고 하였는데, 한나라 이후에는 작고 둥근 모양을 '환丸'이라고 하였다.

→《여씨춘추》〈본미本味〉에 "유사의 서쪽과 단산의 남쪽에 봉새의 알이 있어 옥국沃國 사람들이 먹었다.〔流沙之西 丹山之南 有鳳之丸 沃民所食〕"라고 하였다.

⇒ 손〔九〕에 조그마한 탄알〔丶〕을 쥐고 있는 모습을 본떴다.

○ '탄彈'은 탄환을 발사하는 도구이고, '환丸'은 발사된 탄환이다.

## 94. 旗(기 기)·旂(기 기) : 깃발

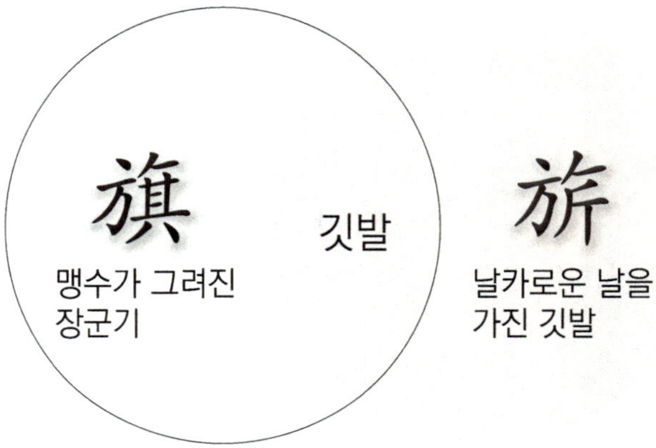


① 旗 : 《설문해자》에 "곰이 그려진 다섯 자루의 깃발은 벌성罰星을 상징하니 사졸로써 기약하였다.〔熊旗五流 以象罰星 士卒以爲期〕"라고 하였다. 기旗는 곰이나 호랑이가 그려진 장군기를 이른다.

→ 《손자병법》 〈군쟁軍爭〉에 "정렬된 깃발을 든 적군은 요격하지 않으며 위풍당당한 적군의 진은 공격하지 않는다.〔無邀正正之旗 勿擊堂堂之陳〕"라고 하였다.

⇒ 깃발〔㫃〕이 키〔其〕처럼 활짝 펼쳐진 상황을 본떴다.

② 旂 : 《석명釋名》 〈석병釋兵〉에 "교룡이 그려진 깃발을 이른다.〔蛟龍曰 旂〕"라고 하였다. 기旗자와 혼용하기도 한다.

→ 《시경》 〈대아大雅 한혁韓奕〉에 "왕께선 한후韓侯에게 하사하셨네. 교룡蛟龍이 그려진 좋은 기, 새 깃의 깃발이로다.〔王錫韓侯 淑旂綏章〕"라고 하였다.

⇒ 도끼〔斤〕처럼 날카로운 날을 가진 깃발〔㫃〕을 이른다.

## 95. 旄(깃대 장식 모)·旌(기 정) : 깃발

① 旄 : 《설문통훈정성說文通訓定聲》에 "본래 검은 소의 꼬리로 깃발의 끝에 달아서 '모旄'라고 한다.〔本用犛牛尾 注於旗之竿首 故曰旄〕"라고 하였다.

→ 《시경》 〈소아小雅 출거出車〉에 "내 수레를 출발시켜 저 교외로 갔네. 이 조旐를 달고 저 모旄를 세우니.〔我出我車 於彼郊矣 設此旐矣 建彼旄矣〕"라고 하였다.

⇒ 깃발〔㫃〕에 짐승의 털〔毛〕을 달아 장식한 창을 이른다.

② 旌 : 《설문해자주》에 "정旌은 깃털이 있고, 기旗는 깃털이 없다.〔旌 有羽者 旗 未有羽者〕"라고 하였다. 정旌은 선명한 깃털로 깃발의 끝을 장식한 기를 이르는 말이었으나, 군대 뒤쪽에서 드는 깃발을 이르는 말로 널리 쓰이게 되었다.

→ 《춘추곡량전》 희공僖公 22년에 "깃발은 위에서 어지럽고 군진은 아래에서 어지러웠다.〔旌亂于上 陣亂于下〕"라고 하였다.

⇒ 깃발〔㫃〕이 마치 살아〔生〕 있는 듯 펄럭이는 상황을 이른다.

## 96. 烽(봉화 봉)·燧(부싯돌 수) : 봉화

① 烽 : 《설문해자》에 "봉烽은 봉화가 있는 곳의 표시이다.〔烽 烽燧 侯表也〕"라고 하였는데, 낮에 연기를 일으켜 보내는 신호이다.

→ 《사기》 〈주본기周本紀〉에 "유왕이 봉화와 큰 북을 만들어 도적이 이르면 봉화 불을 올렸다.〔幽王 爲烽燧大鼓 有寇至 則擧烽火〕"라고 하였다.

⇒ 산꼭대기〔夆〕에 불〔火〕을 올리는 행위를 이른다.

② 燧 : 《옥편》에 "태양에서 불을 취하는 것이다.〔以取火于日〕"라고 하는데, 밤에 불을 피워 보내는 신호를 이른다. 수燧에는 금수金燧와 목수木燧가 있는데, 연기를 일으키는 부싯돌을 이른다. 또한 부싯돌을 통해서 얻은 불을 붙이는 횃불을 이르기도 한다.

→ 《춘추좌씨전》 문공文公 10년에 "이른 새벽 수레에 횃불을 싣도록 명하였는데 송공이 명을 어겼다.〔命夙駕載燧 宋公違命〕"라고 하였다.

⇒ 불〔火〕을 이르게〔遂〕하는 부싯돌을 이른다.

## 97. 几(안석 궤)·案(책상 안)·卓(탁상 탁) : 책상, 탁자

① 几 : 《설문해자》에 "궤几는 몸을 기대어 앉는 안석이다.〔几 居几也〕"라고 하였다.

→ 《맹자》 〈공손추 하公孫丑 下〉에 "맹자께서 제나라를 떠나시면서 주晝 땅에서 묵게 되었다. 왕을 위하여 맹자께서 떠나는 것을 만류하려는 사람이 있어 앉아서 말하였는데, 맹자는 그 말에 대답하지 않고 안석에 기대어 누우셨다.〔孟子去齊 宿於晝 有欲爲王留行者 坐而言 不應隱几而臥〕"라고 하였다.

⇒ 팔을 걸친 채 몸을 기대어 앉는 안석의 모양을 본뜬 상형자이다.

② 案 : 《급취편急就篇》의 주석에 "다리가 없는 것을 '반盤', 다리가 있는 것을 '안案'이라고 한다〔無足曰 盤 有足曰 案〕"라고 하였다. 안案은 처음에는 음식을 차리는 식탁으로 쓰이다가, 차츰 독서 등을 할 때 사용하는 '책상'의 의미로 쓰이게 되었다.

→ 두보杜甫의 〈제정저작건題鄭著作虔〉에 "궁벽한 골목은 적막하

여 수레소리와 말발굽소리는 끊어지고 책상머리에는 책을 밝혀 주었던 반딧불이 말라 죽었다.〔窮巷悄然車馬絶 案頭乾死讀書螢〕"라고 하였다.

⇒ 편안하게〔安〕 앉아서 활동하도록 나무〔木〕로 만든 책상을 이른다.

③ 卓 : 《설문해자》에 "탁卓은 '높다'이다.〔卓 高也〕"라고 하여, 일반적으로 다리가 높은 탁자를 이른다.

→ 《논어》 〈자한子罕〉에 "마치 앞에 서 있는 것처럼 우뚝 솟아 있다.〔如有所立 卓爾〕"라고 하였다.

⇒ 이른 시간〔早〕에 사람〔人 : 卜〕이 우뚝 서 있는 상황을 이른다.

## 98. 笥(상자 사)·篋(상자 협)·箱(상자 상) : 상자

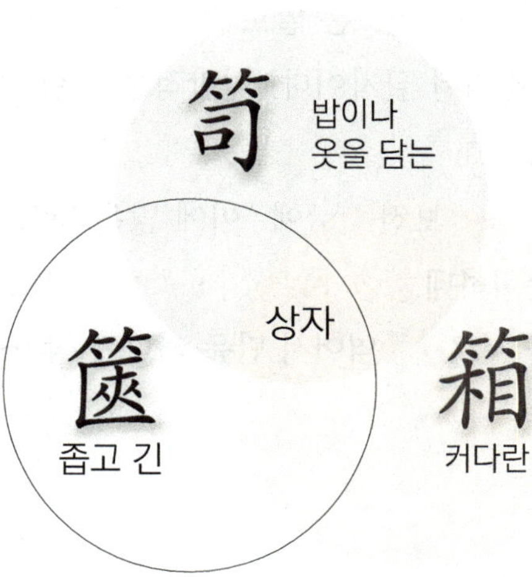


① 笥 :《설문해자》에 "사笥는 밥과 옷을 담는 그릇이다.〔笥 飯及衣之器也〕"라고 하였다. 사笥는 협篋과 비슷하면서도 조금 다르다. 협篋이 사笥에 비해 폭이 좁고 길며 납작하다.

→《서경》〈열명說命〉에 "의상은 상자에 잘 보관하라.〔惟衣裳在笥〕"라고 하였다.

⇒ 대나무〔竹〕로 만든 상자이고, 사司는 발음을 결정하였다.

② 篋 :《급취편急就篇》의 주석에 "협篋은 긴 대나무 상자이다.〔篋 長笥也〕"라고 하였다.

→《춘추좌씨전》소공昭公 13년에 "위나라 사람이 도백을 시켜 국과 비단 한 상자를 숙향에게 보내도록 했다.〔衛人使屠伯 饋叔向羹與一篋錦〕"라고 하였다.

⇒ 대나무〔竹〕로 만든 좁고 긴 상자〔匧〕를 이른다.

③ 箱 : 《설문해자》에 "상箱은 큰 수레의 빈복牝服이다.〔箱 大車牝服也〕"라고 하였다. 한나라 이전에는 '차상(車箱 : 수레 위에 짐을 신거나 사람이 타도록 만든 곳)'을 이르는 말로 쓰이다가 후에 옷이나 물건을 담는 그릇으로 전의된 글자이다. 일반적으로 협篋이 상箱에 비해서 크기가 작다.

→ 《시경》 〈소아小雅 보전甫田〉에 "이에 많은 창고를 마련하고 많은 수레도 준비하네.〔乃求千斯倉 乃求萬斯箱〕"라고 하였다.

⇒ 대나무〔竹〕를 서로〔相〕 엮어서 만든 커다란 상자를 이른다.

## 99. 帷(장막 유)·幕(막 막)·帳(휘장 장) : 장막

① 帷 : 《석명釋名》 〈석상장釋床帳〉에 "유帷는 에워싸는 것으로 스스로 막고 에워싼 것이다.〔帷 圍也 所以自障圍也〕"라고 하였다. 유帷는 막幕과 거의 동일한 구조이지만 지붕 없이 사방을 가린 장막이다.

→ 《사기》 〈항우본기項羽本紀〉에 "장막을 젖히고 서쪽을 향해 섰다.〔披帷西向立〕"라고 하였다.

⇒ 새〔隹〕가 드나들 수 있도록 천정이 개방된 천〔巾〕으로 만든 장막이다.

② 幕 : 《설문해자》에 "위에 장막을 친 것을 '막幕'이라고 한다.〔帷在上曰 幕〕"라고 하였다. 지붕을 포함하여 사방을 가린 장막이다.

→ 《춘추좌씨전》 양공襄公 29년에 "선생님께서 여기에 계신 것은 제비가 장막 위에 둥지를 튼 것과 같습니다.〔夫子之在此也 猶燕之巢於幕上〕"라고 하였다.

⇒ 천〔巾〕으로 위를 가려서 해가 들지 않도록 한 것이 마치 저녁

〔莫〕과 같은 것을 이른다.

③ 帳 : 《설문해자》에 "장帳은 펼치는 것이다.〔帳 張也〕"라고 하였다. 펼쳐 놓은 장막을 이른다.

→ 《사기》〈항우본기項羽本紀〉에 "항우가 새벽에 상장군 송의를 조회하기 위해 장막 안으로 들어갔다가 송의의 머리를 베었다.〔項羽晨朝上將軍宋義 卽其帳中 斬宋義頭〕"라고 하였다.

⇒ 천〔巾〕으로 만들어 길게〔長〕 늘어뜨린 휘장을 이른다.

## 100. 囊(주머니 낭)·橐(주머니 탁) : 주머니, 자루

① 囊 : 《설문해자》에 "낭囊은 주머니이다.〔囊 橐也〕"라고 하였다. 낭囊은 크기가 크고 밑이 막혀 있는 것을 이른다.

→ 《시경》 〈대아大雅 공유公劉〉에 "마른 양식을 싸서 주머니에 담도다.〔迺裹餱糧 于橐于囊〕"라고 하였다.

⇒ 발음을 결정한 양襄과 뜻을 결정한 탁橐의 생략된 형태이다.

② 橐 : 《설문해자》에 "탁橐은 주머니이다.〔橐 囊也〕"라고 하였다. 탁橐은 크기가 작고 밑이 없는, 보자기처럼 물건을 덮는 것을 이른다.

→ 가의賈誼의 〈과진론過秦論〉에 "천하를 석권하고 세상을 모두 차지하며 사해를 뒤덮고 팔방을 집어 삼키려는 마음이 있었다.〔有席卷天下 包擧宇內 囊括四海之意 幷吞八荒之心〕"라고 하였다.

⇒ 발음을 결정한 석石과 나무〔木〕에 보따리를 묶어 놓은 모양인 속束의 합체자이다.

## 101. 匕(숟가락 비)·匙(숟가락 시) : 숟가락

① 匕 : 《설문해자》에 "비匕를 사용하여 밥을 먹는다.〔所以用匕取飯〕"라고 하였다. 비匕가 '비수'의 뜻으로 쓰이기도 한다. 이는 두 물체의 모양이 비슷하기 때문이다.

→ 《삼국지》 〈촉서蜀書 선주전先主傳〉에 "선주께서 식사를 하시려다 숟가락과 젓가락을 놓쳤다.〔先主方食 失匕箸〕"라고 하였다.

⇒ 숟가락의 모양을 본뜬 상형자이다.

② 匙 : 《설문해자》에 "시匙는 숟가락이다.〔匙 匕也〕"라고 하였다.

→ 《진서음의晉書音義》에 "북방사람들이 비匕를 '시匙'라고 불렀다.〔北方人 名曰 匙〕"라고 하였는데, 남방 사람들은 이를 '비匕'라고 하였음을 알 수 있다.

→ 《진서晉書》 〈서이기瑞異記〉에 "한 그릇의 밥과 두 개의 숟가락이 있었다.〔一杯食 有兩匙〕"라고 하였다.

⇒ 발음을 결정한 시是와 뜻을 결정한 비匕가 합쳐진 글자이다.

## 102. 繩(끈 승)·索(끈 삭) : 끈

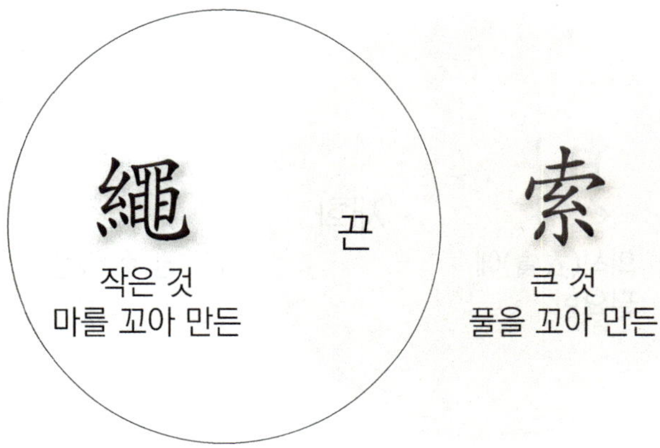


① 繩 : 《급취편急就篇》의 주에 "마를 꼬아 만든 끈을 '승繩'이라고 한다.〔麻絲曰 繩〕"라고 하였고, 《소이아小爾雅》 〈석기釋器〉에 "작은 것을 '승繩'이라고 한다.〔小者 謂之繩〕"이라고 하였다.

→ 《주역》 〈계사전 하繫辭傳 下〉에 "끈을 엮어서 그물을 만든다.〔結繩而爲網罟〕"라고 한다.

⇒ 뜻을 결정한 멱糸과 발음을 결정한 민黽이 합쳐졌다.

② 索 : 《급취편急就篇》의 주에 "풀을 꼬아 만든 끈을 '삭索'이라고 한다.〔草謂之索〕"라고 하였고, 《소이아小爾雅》 〈석기釋器〉에 "큰 것을 '삭索'이라고 한다.〔大者 謂之索〕"라고 하였다.

→ 《시경》 〈빈풍豳風 칠월七月〉에 "낮에는 띠풀을 베고 밤에는 새끼를 꼰다.〔晝爾于茅 宵爾索綯〕"라고 하였다.

⇒ 두 손으로 실〔糸〕을 꼬고 있는 모양을 본떴다.

## 103. 財(재물 재)·貨(재화 화) : 재화

① **財** : 《설문해자》에 "재財는 사람들이 보배로 여기는 것이다.〔財 人所寶也〕"라고 하였다. 선진先秦시대에는 오늘날에 비해 그 쓰임이 작아 주로 의식衣食에 필요한 것들을 가리키는 글자로 쓰였다.

→ 《묵자》 〈사과辭過〉에 "백성들의 입고 먹는 재물을 폭력으로 빼앗아서 비단과 화려한 무늬의 사치스러운 옷을 만든다.〔暴奪民衣食之財 以爲錦繡文采靡曼之衣〕"라고 하였다.

⇒ 돈〔貝〕의 역할을 할 수 있는 재주〔才〕를 가진 물건을 이른다.

② **貨** : 《광운廣韻》에 "화貨는 '변화하다'이다.〔貨者 化也〕"라고 하였는데, 내다 팔 수 있는 물건을 이른다.

→ 《주역》 〈계사전 하繫辭傳 下〉에 "낮에 시장을 만들어 천하의 백성을 오게 하며, 천하의 물건을 모아서 교역하고 물러난다.〔日中爲市 致天下之民 聚天下之貨 交易而退〕"라고 하였다.

⇒ 돈〔貝〕으로 바꾸어 변화〔化〕시킬 수 있는 물건을 이른다.

## 104. 賄(뇌물 회)·賂(뇌물 뢰) : 뇌물

① 賄 : 고대 다른 사람에게 '예물을 보내다'는 동사로 쓰이다가 재물의 의미로 광범위하게 쓰이게 되었다.

→《춘추좌씨전》 양공襄公 19년에 "순언에게는 한 묶음의 비단과 옥구슬과 말 네 필을 주고 오나라 수몽이 바친 솥을 주었다.〔賄荀偃束錦加璧乘馬 先吳壽夢之鼎〕"라고 하였다.

⇒ 가지고 있던〔有〕 패물〔貝〕을 주다는 의미이다.

② 賂 : '예물을 보내다'는 의미에서 개인이나 나라 간에 오가는 예물을 가리킨다.

→《사기》〈진섭세가陳涉世家〉에 "서로 다투어 땅을 떼어 진나라에 바쳤다.〔爭割地而賂秦〕"라고 하였다.

⇒ 재물〔貝〕이 각각〔各〕 이르다는 의미이다.

## 105. 謹(삼갈 근)·愼(삼갈 신) : 삼가다

① 謹 : 《설문해자》에 "근謹은 '삼가다'이다.〔謹 愼也〕"라고 하였다.

→ 《사기》 〈만석열전萬石列傳〉에 "승상은 온순하고 삼갈 뿐이었다.〔丞相醇謹而已〕"라고 하였다.

⇒ 언어〔言〕가 엄밀하고도 주도면밀함을 말한다.

② 愼 : 《설문해자》에 "신愼은 '삼가다'이다.〔愼 謹也〕"라고 하였다. 신愼은 부수에서도 알 수 있듯이 정신적인 측면에서 조심하거나 일을 처리함에 있어서 빈틈이 없는 것을 말한다.

→ 《맹자》 〈등문공 상滕文公 上〉에 "기술을 선택함에 신중하지 않을 수 없다.〔術不可不愼也〕"라고 하였다.

⇒ 마음〔忄〕의 정직함〔眞〕을 말한다.

## 106. 其(그 기)·闕(그 궐) : 그

① 其 : 사용은 비교적 넓어 뒤에 명사, 동사, 형용사가 올 수도 있고 동사+목적어의 구조를 가질 수도 있다. 또한 3인칭 대명사나 원칭遠稱 대명사로 사용된다.

→《사기》〈골계열전滑稽列傳〉에 "하백의 아내를 불러 오라. 그녀가 예쁜지 보겠다.〔呼河伯婦來 視其好醜〕"라고 하였다.

⇒ 키의 모양을 본떠 '키'의 뜻으로 쓰이다가 후에 지시대명사로 쓰이게 되자 '箕(키 기)'자를 만들어 원래의 뜻으로 사용하였다.

② 厥 : 사용은 비교적 좁아 뒤에 명사名詞나 명사구名詞句만 올 수 있다. 또한 2인칭 대명사나 근칭近稱 대명사로 쓰인다.

→《시경》〈대아大雅 억抑〉에 "하늘이 재앙을 내리니, 그 나라는 잃을 지경이 되었네.〔天方艱難 曰喪厥國〕"라고 하였다.

⇒ 원래는 언덕〔厂〕 아래에 있는 '바위'의 뜻과 발음을 결정한 궐欮이 합쳐진 글자이다. 이후 지시대명사로 쓰이게 되었다.

## 107. 記(기록할 기)·紀(기록할 기) : 기록하다

① 記 : 본래 '생각하다', '기억하다'는 의미이다. 《광아廣雅》〈석고釋詁〉에 "기記는 기紀이다. 기紀는 '기록하다'이다.〔記 紀也 紀 識之也〕"라고 하였다.

→ 《서경》〈익직益稷〉에 "매질하여 기억하게 하였다.〔撻以記之〕"라고 하였다.

⇒ 말〔言〕을 결승結繩하여〔己〕 기억하다는 의미를 가졌다.

② 紀 : 《설문해자》에 "기紀는 '실가닥을 가르다'이다.〔紀 別絲也〕"라고 하였다.

→ 한유韓愈의 〈진학해進學解〉에 "일을 기록하는 자는 반드시 그 요점을 들었다.〔紀事者 必提其要〕"라고 하였다.

⇒ 실〔糸〕로 결승結繩하여〔己〕 일을 기록하다는 의미를 가졌다.

○ 체제에 사용될 때, '기記'와 '기紀'는 약간의 차이가 있다. '기記'는 기사문記事文의 일종으로 주기奏記, 유기遊記, 잡기雜記 등에 쓰이는데, '기

紀'는 사건을 강목綱目으로 삼는 《사기》의 체제로 《통감기사본말通鑑紀事本末》과 《송사기사본말宋史紀事本末》 등의 용법이 있다.

역사를 기록하는 문장에 있어, 기紀는 인물을 중심으로 묘사하는 기사체紀傳體의 역사서 이름이다. 《사기》가 그 예이다. 기紀는 기사체紀傳體의 역사서 가운데 제왕의 사적을 기술하는데, 《사기史記》를 《사기史紀》로 쓰지 않고, 〈진시황본기秦始皇本紀〉를 〈진시황본기秦始皇本記〉라고는 쓰지 않는다. 이는 서명과 편명을 섞어 쓰지 않는 것이다.

## 108. 祈(빌 기)·禱(빌 도)·祝(빌 축) : 빌다

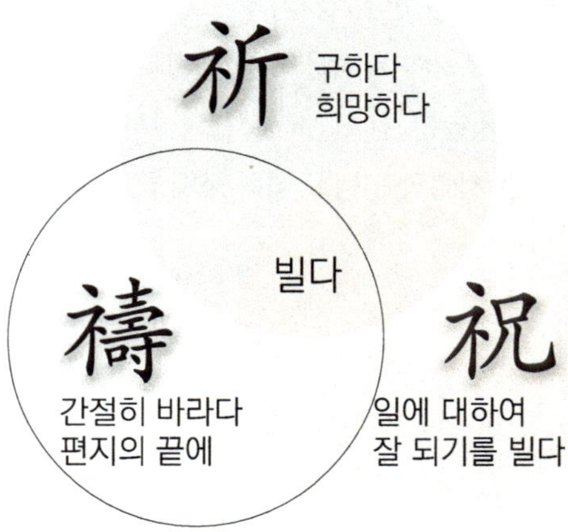


① 祈 : 신神에게 빌어 복을 구하는 뜻에서 파생하여 '구하다', '희망하다'는 의미로 '기청(祈請, 기원하다)', '기구(祈求, 빌다)' 등으로 쓰인다. 《설문해자》에 "기祈는 '복을 구하다'이다.〔祈 求福也〕"라고 하였다.

→ 《시경》 〈소아小雅 보전甫田〉에 "단비가 내리기를 기원하니〔以祈甘雨〕"라고 하였다.

⇒ 도끼〔斤〕를 놓아두고 신〔示〕에게 안녕을 기원하며 복을 비는 것이다.

② 禱 : 일을 고하고 복을 구하는 뜻에서 파생하여 '간절히 바라다'는 의미로 쓰이는데, 주로 서신書信의 끝에 '위도(爲禱, 기도하다)', '지도(至禱, 지극히 빌다)' 등으로 쓰인다. 《설문해자》에 "도禱는 일을 고하고 복을 구하는 것이다.〔禱 告事求福也〕"라고 하였다.

→ 《논어》 〈술이述而〉에 "공자가 병이 들자 자로가 기도하기를 청

하였다.〔子疾病 子路請禱〕"라고 하였다.

⇒ 신〔示〕에게 장수〔壽〕를 기원하며 복을 비는 것이다.

③ 祝 : 신神에게 복을 비는 뜻에서 파생하여 '바라다'는 의미로 쓰인다. 다른 사람이나 어떠한 일에 대하여 충심으로 잘되기를 바라는 것이다. '축복(祝福, 복 받기를 바란다)', '축원(祝願, 복 받기를 원한다)' 등이 그 예이다. 《사해辭海》에는 '축송(祝頌, 빌고 기리다)'이라고 하였다.

→《요재지이聊齋志異》〈촉직促織〉에 "무당은 곁에서 대신하여 허공에 대고 빌었다.〔巫叢旁望空代祝〕"라고 하였다.

⇒ 신〔示〕에게 무릎을 꿇고 기도〔兄〕하는 모습을 본떴다.

## 109. 飢(주릴 기)·饑(주릴 기)·餓(주릴 아)·饉(흉년들 근) : 굶주리다

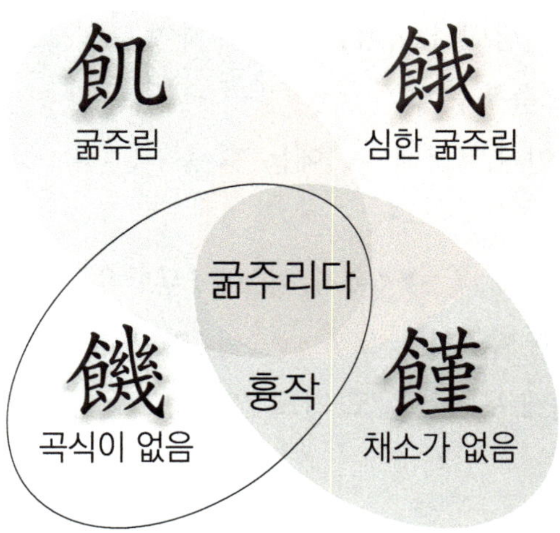


① 飢 : '기아', '굶주리다'는 뜻이다.

→ 《춘추좌씨전》 소공昭公 4년 "두설이 그를 만나자, 그는 굶주림과 갈증을 고하고 창을 주었다.〔杜洩見 告之飢渴 授之戈〕"라고 하였다.

⇒ 밥〔食〕을 먹지 못하여 주린 상황과 발음을 결정한 궤几가 합쳐졌다.

② 饑 : '기근', '흉작'의 뜻으로, 수확이 좋지 않아 먹을 양식이 없음을 뜻한다. 이 때문에 기饑의 반의어는 포飽이다.

→ 《묵자》 〈칠환七患〉에 "오곡을 수확하지 못한 것을 '기饑'라고 한다.〔五穀不收謂之饑〕"라고 하였다.

⇒ 흉작으로 먹을 것〔食〕이 거의〔幾〕 없는 상태를 이른다.

③ 餓 : 기飢에 비하여 훨씬 심한 굶주림을 뜻한다. 때문에 기飢는 뱃속이 비어서 음식을 먹고 싶어 하는 생리적인 현상을 이르는데 반해 아餓는 오랫동안 음식을 먹지 못한 심한 굶주림으로 인해 몸아 상하고 병이 생길 정도를 이른다.

→ 《한비자》 〈식사飾邪〉에 "집안에 일정한 생업이 있다면 비록 기근이 들더라도 기아에 허덕이지 않는다.〔家有常業 雖飢不餓〕"라고 하였다.

⇒ 내〔我〕가 먹는 음식〔食〕은 늘 넉넉하지 않아 굶주림을 의미한다.

④ 饉 : 기饑와 동일하게 '기근'의 뜻으로, 기饑는 수확한 곡식이 없는 것이고, 근饉은 채소조차 먹을 수 없는 상태를 이른다.

→ 《이아》 〈석천釋天〉에 "곡식이 익지 않은 것을 '기饑'라고 하고 채소가 익지 않은 것을 '근饉'이라고 한다.〔穀不熟爲饑 蔬不熟爲饉〕"라고 하였다.

⇒ 불 속에서 고통을 당하고 있는 사람〔堇〕처럼 음식〔食〕으로 인하여 고통을 당하는 굶주림을 이른다.

○ 선진先秦시대 문헌 가운데 《춘추좌씨전》, 《춘추곡량전》, 《춘추공양전》에는 '기飢'와 '기饑'를 뒤섞어 쓰지 않았다. 또한 《묵자》와 《맹자》에는 '기饑'를 때때로 '기아'의 뜻으로 사용하였지만 '기飢'를 '기근'의 뜻으로는 사용하지 않았다. 그러나 선진시대 이후에는 이 두 글자를 구분하지 않아 혼용하기도 하였다.

## 110. 假(빌릴 가)·借(빌릴 차) : 빌리다

① 假 : 《설문해자》에 "가假는 참이 아닌 것이다.〔假 非眞也〕"라고 하였다. 진眞의 반의어이다. 물건을 남에게 빌려 사용하거나 남이 자신의 물건을 가져다가 또 다른 사람이 사용하도록 하는 것, 또는 '빌려 의지하다'는 의미로 쓰인다.

→ 《춘추좌씨전》 희공僖公 5년에 "진후가 다시 우나라에게 길을 빌려 괵나라를 정벌하려고 하였다.〔晉侯 復假道於虞以伐虢〕"라고 하였다.

→ 《순자》 〈권학勸學〉에 "수레와 말을 빌리는 사람은 다리가 빠른 것은 아니지만 천리를 갈 수 있고, 배와 노를 빌리는 사람은 헤엄치지 않아도 양자와 황하를 건널 수 있다.〔假輿馬者 非利足也 而致千里 假舟檝者 非能水也 而絶江河〕"라고 하였다.

⇒ 사람〔亻〕이 가지고 있지 않은 것을 자연에서 빌려온〔叚〕 것을 이른다.

② 借 : 가假와 의미가 같다. 선진先秦시대에는 자藉를 많이 사용하였다.

→《논어》〈위령공衛靈公〉에 "말을 소유한 사람이 남에게 말을 빌려주어 타도록 하였다.〔有馬者 借人乘之〕"라고 하였다.

⇒ 남에게 뭔가를 빌려 줄 때 주로 사용한다.

○ 한대 이후 '가假'와 '차借'는 점차 구분이 분명해져 '가假'는 '참되지 않다', 차借는 '빌리다'의 의미로 사용되었다. 또한 '가假'는 파생되어 객관적인 조건의 이용을 강조하고, '차借'의 파생된 뜻은 주관적인 의지를 나타낸다.

## 111. 旣(이미 기)· 已(이미 이) : 이미

① 旣 : '다하다', '완전하다'의 의미가 강하다.

→《시경》〈소남召南 권이卷耳〉에 "또한 이미 그를 보며 또한 이미 만나면〔亦旣見止 亦旣覯止〕"라고 하였다.

⇒ 밥그릇의 뚜껑을 열어 놓은 모양〔皀〕과 밥그릇을 등지고 입을 벌린 사람의 모양〔旡〕을 본떠 이미 밥을 다 먹은 상태를 나타냈다.

② 已 : '정지'의 의미가 강하다. 둘 다 시간부사로 '이미'의 뜻으로 쓰이지만 약간 다르다. '언미기(言未旣, 말이 다 끝나지 않다)', 또는 '언미이(言未已, 말이 아직 멈추지 않다)'는 모두 쓸 수 있지만 그 의미는 명확히 구분된다. '사이후이(死而後已, 죽고 나서야 그친다)'를 '사이후기死而後旣'라고 할 수 없고, '초인미기제(楚人未旣濟, 초나라 사람들이 아직 완전히 건너지 않았다)'를 '초인미이제楚人未已濟'로 바꾸어 쓸 수 없다.

→《여씨춘추》〈신대람愼大覽 찰금察今〉에 "배는 이미 지나갔지만 칼은 움직이지 않았다.〔舟已行矣 而劍不行〕"라고 하였다.

⇒ 농기구의 모양을 본뜬 글자였지만 이후 '이미'의 뜻으로 전의되었다.

## 112. 眺(볼 조)·瞻(볼 첨)·望(바라볼 망) : 멀리 바라보다

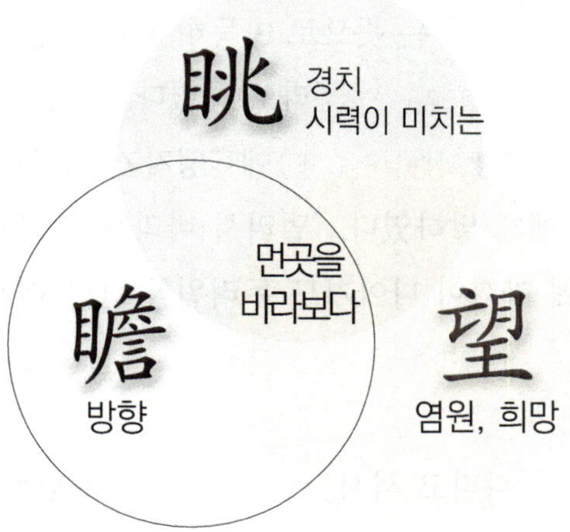


① 眺 : 《유편類篇》에 "조眺는 '멀리 보다'이다.〔眺 遠視也〕"라고 하여, 높거나 낮은 곳에서 비교적 멀리 높은 곳을 보는 것이다.

→ 《신론新論》〈통새通塞〉에 "봉우리에 올라 멀리 연기가 피어오르는 곳 끝까지 보았다.〔登峰眺目 極於煙際〕"라고 하였다.

⇒ 먼 미래의 일을 예상하기 위한 점괘〔兆〕와 이를 보는 눈〔目〕이 합쳐져 '멀리 보다'는 의미를 가졌다.

② 瞻 : 높은 곳을 향해 우러러보거나 앞을 보는 것이다. 《고금운회거요古今韻會擧要》에 "우러러보는 것을 '첨'이라 한다.〔仰視曰 瞻〕"라고 하여, 단지 방향만을 가리켰고 고저高低와는 무관하다. 그러나 이후 습관적으로 경모敬慕의 뜻을 담아 '우러러보다'는 의미로 사용되었다.

→ 《시경》〈패풍邶風 웅치雄雉〉에 "저 해와 달을 바라보니 내 생각 그지없네.〔瞻彼日月 悠悠我思〕"라고 하였다.

⇒ 눈〔目〕의 시야가 이르는〔詹〕 먼 곳을 바라보다는 의미를 가졌다.

③ 望 : 멀리 바라보거나 높은 곳을 향해 보는 것이다. 《석명釋名》〈석자용釋姿容〉에 "망望은 '멍하다'는 뜻으로, 멍하니 멀리 보는 것이다. 또 '아득하다'는 뜻으로 아득히 멀리 보는 것이다.〔望 惘也 視遠惘惘然也 又茫也 遠視茫茫也〕"라고 하였다.

→ 《맹자》〈양혜왕 상梁惠王 上〉에 "맹자가 양혜왕을 만나고 나와 사람들에게 말하였다. '멀리서 바라보니 임금 같지도 않았고 그 앞에 가까이 나아가도 두려워할 만한 데가 보이지 않았다.〔孟子見梁惠王 出語人曰 望之不似人君 就之而不見所畏焉〕"라고 하였다.

⇒ 사람이 땅을 디디고 서서〔壬〕 먼 하늘에 떠 있는 달〔月〕을 우러러보는 모양을 본떴다. 망亡은 망望의 발음을 결정하였다.

○ '첨瞻'과 '망望'은 보는 방향이 같지만 '첨瞻'은 보는 방향만을 나타내어 멀리도 볼 수 있고 가까이도 볼 수 있고, '망望'은 방향 이외에 방식도 겸하고 있기 때문에 먼 곳에 가서 볼 때만 사용한다. 또 '조眺'와 '망望'은 늘 연용하거나 대비되어 사용된다. 그러나 이 두 글자는 다음과 같이 구분이 된다.

첫째, '망望'은 먼 곳에 가서 직접 보는 것이며 '조眺'는 시력이 미치는 곳까지 멀리 보는 것이다. 둘째, '망望'에는 염원과 희망의 감정이 있다. 그러나 '조眺'는 경치에 한정되고 사람에게는 거의 사용되지 않는다.

## 113. 忌(꺼릴 기)·諱(꺼릴 휘)·避(피할 피) : 꺼리다, 피하다

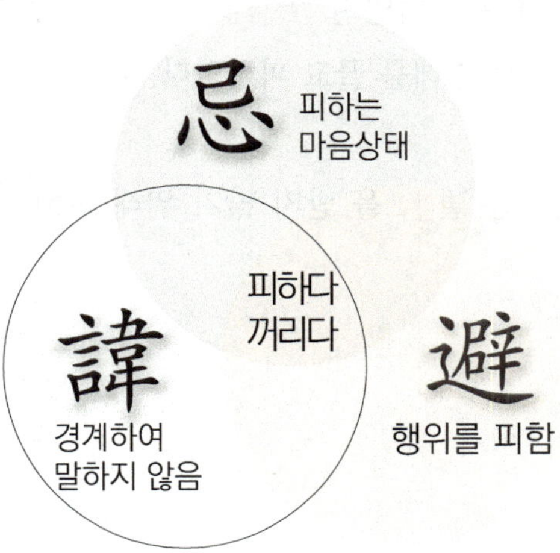


① 忌 : 혐오스러워 피하는 마음 상태를 이른다. 《설문해자》에 "기忌는 '증오하다'이다.〔忌 憎惡也〕"라고 하였다.

→《국어》〈월어越語〉에 "그대는 장차 하늘의 포학함을 돕고 있으니 어찌 상서롭지 못한 것을 꺼리지 않는가?〔子將助天爲虐 不忌其不祥乎〕"라고 하였다.

⇒ 자신〔己〕의 마음속〔心〕에 꺼리는 것을 이른다.

② 諱 : 《설문통훈정성說文通訓定聲》에 "휘諱는 경계하여 말하지 않는 것을 이른다.〔諱 謂誡而不道者〕"라고 하였다.

→《사기》〈범수채택열전範睢蔡澤列傳〉에 "화양·경양 등지에서 길을 끊는데 거리낌이 없었다.〔華陽 涇陽等 擊斷無諱〕"라고 하였다.

⇒ 꺼리는 말〔言〕이란 뜻과 발음을 결정한 위韋가 합쳐졌다.

③ 避 : 《설문해자》에 "피避는 '회피하다'이다.〔避 回也〕"라고 하였다. 피避는 행위에 있어서 피함을 이른다.

→ 《사기》 〈염파곽상여열전廉頗藿相如列傳〉에 "멀리서 염파가 보이면 인상여는 수레를 끌고 피하였다.〔望見廉頗 相如引車避匿〕"라고 하였다.

⇒ 모든 사람들은 벌〔辟〕을 받지 않기 위해 피해 가는〔辶〕 상황을 이른다.

## 114. 腐(썩을 부)·朽(썩을 후) : 썩다

① 腐 : 물건이 썩는 것을 이른다.

→ 《여씨춘추》 〈진수盡數〉에 "흐르는 물은 썩지 않는다.〔流水不腐〕"라고 하였다.

⇒ 창고〔府〕 속에서 고기〔肉〕가 썩어 가는 것을 이른다.

② 朽 : 나무가 썩는 것을 이른다.

→ 《순자》 〈권학勸學〉에 "새기다가 그만두면 썩은 나무라도 새기지 못한다.〔鍥而舍之 朽木不折〕"라고 하였다.

⇒ 나무〔木〕가 오래되어〔丂〕 썩은 상태를 이른다.

## 115. 甘(달 감)·旨(맛있을 지) : 맛있다

① 甘 : 《설문해자》에 "감甘은 '맛있다'이다.〔甘 美也〕"라고 하였는데, 단 음식과 단맛을 가리킨다. 또한 좋은 사물을 가리키기도 한다.

→《시경》〈패풍邶風 곡풍谷風〉에 "누가 씀바귀가 쓰다고 했나? 그 단 것이 냉이와 같다네.〔誰謂荼苦 其甘如薺〕"라고 하였다.

⇒ 입〔口〕 속에 음식〔一〕을 물고 있는 모습을 본떠 '맛있다'는 뜻으로 쓰인다.

② 旨 : 《설문해자》에 "지旨는 '맛있다'이다.〔旨 美也〕"라고 하였다. 음식물의 맛과 어떤 주제·의도·취지 등을 비유하여 쓰기도 한다. 후대에는 황제·임금·장관의 의견이나 의도를 이르는 말로도 쓰였다.

→《시경》〈소아小雅 어리魚麗〉에 "주인에게 술이 있는데 맛좋고 풍성하다네.〔君子有酒 旨且多〕"라고 하였다.

→《논어》〈양화陽貨〉에 "무릇 군자는 상을 치르는 동안 맛있는 것을 먹어도 달지 않고 음악을 들어도 즐겁지 않다.〔夫君子之居

喪 食旨不甘 聞樂不樂〕"라고 하였다.

⇒ 입〔曰〕 속에 숟가락〔匕〕을 물고 있는 모습을 본떠 '맛있다'는 의미를 나타냈다.

○ '감甘'은 언어로써 단맛을 가리키는 경우가 많으며 목적어를 수반하지만, '지旨'는 찬양의 의미로 쓰이면서 목적어를 수반하지 않는다.

## 116. 憾(한할 감)·恨(한한 한)·怨(원망할 원) : 원망, 원한

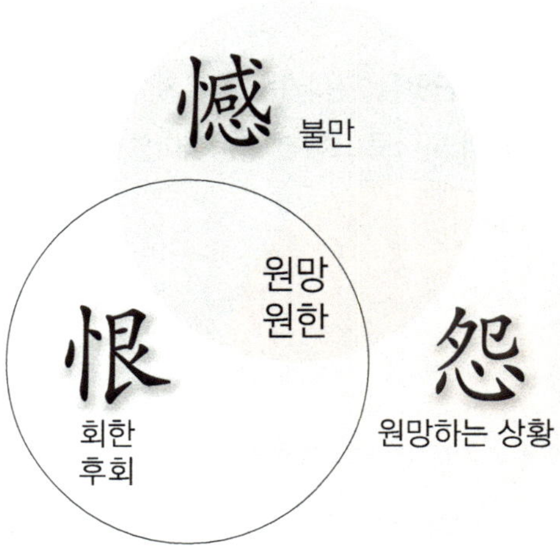


① 憾 : '불만이 있다', '유감스럽게 여기다'는 뜻에서 파생하여 '원한怨恨'의 뜻으로 쓰인다. 가벼운 원망의 경우 선진先秦시대에는 감憾을 많이 사용하였고, 한대 이후에는 한恨을 많이 사용하였다.

→ 《춘추좌씨전》 장공莊公 14년 "과인을 생각지 않으니 과인은 유감으로 생각한다.〔不念寡人 寡人憾焉〕"라고 하였다.

⇒ 사람이 마음〔心〕 속으로 느끼는 감정〔感〕을 이르는 말로 '불만'의 뜻으로도 쓰인다.

② 恨 : '유감스러운 일로 여기다', '유감으로 느낀다'는 뜻이 파생되어 '회한', '후회'의 뜻으로 쓰이게 되었다. 후에 그 의미가 더해져서 '골수에 사무치다'는 의미를 나타내었다.

→ 《사기》 〈상군열전商君列傳〉에 "양혜왕이 '과인은 공숙좌의 말을 쓰지 않은 것을 후회한다.'라고 하였다.〔梁惠王曰 寡人恨不用公叔座之言也〕"라고 하였다.

⇒ 사람이 마음〔心〕 속으로 바라던 것과 어긋나〔艮〕 한스러운 상태를 이른다.

③ 怨 : 원怨과 한恨의 의미는 예나 지금이나 불만의 정도가 달랐다. 고대에는 원怨이 한恨보다는 심하였는데, 오늘날에는 한恨이 원怨보다 정도가 심하다.

→ 《사기》 〈굴원열전屈原列傳〉에 "굴원이 〈이소〉를 지은 것은 대개 원망에서 생겨난 것이다.〔屈原之作離騷 蓋自怨生也〕"라고 하였다.

⇒ 달이 떠오르는 저녁〔夕〕에 사람〔㔾〕이 마음〔心〕으로 상대를 원망함을 이른다.

## 117. 降(내릴 강)·墜(떨어질 추)·零(떨어질 령)·落(떨어질 락) : 떨어지다

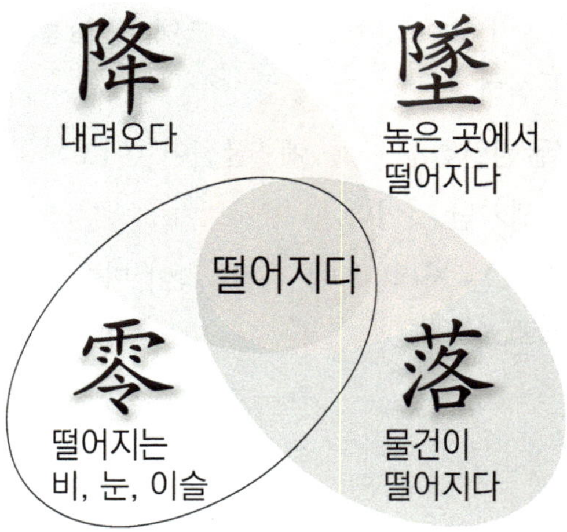


① 降 : 《설문해자》에 "강降은 '내려오다'이다.〔降 下也〕"라고 하였다.

→ 《서경》 〈우공禹貢〉에 "뽕나무가 자라는 토지에 양잠을 하게 하니, 언덕 사람들도 내려와 평지에 살게 되었다.〔桑土旣蠶 是降丘宅土〕"라고 하였다.

⇒ 언덕〔阝〕 아래로 향해 있는 두 발〔夅〕의 모양을 본뜬 것으로 언덕을 내려오는 상황을 나타냈다.

② 墜 : 높은 곳에서 떨어지는 것을 이른다. 일반적으로 자유 낙하하는 물건에 사용된다.

→ 《열자》 〈천서天瑞〉에 "기나라에 하늘이 무너지면 몸을 의탁할 곳이 없게 될까 걱정하여 먹지도 자지도 못하는 사람이 있었다.〔杞國有人憂天崩墜 身無所寄 廢寢食者〕"라고 하였다.

⇒ 언덕 위에 있는 돼지 떼〔隊〕를 몰아 땅〔土〕으로 떨어지게 하는

것을 말한다.

③ 零 : 《설문해자》에 "령零은 천천히 내리는 비이다.〔零 徐雨也〕"라고 하였다. 령零은 대기 중에 수증기가 물방울이 되어 땅으로 떨어지는 비, 눈, 이슬 등에 쓰인다.

→ 굴원屈原의 〈이소경離騷經〉에 "초목이 시들어 떨어지니 아름다운 사람도 늙어갈까 두렵네.〔惟草木之零落兮 恐美人之遲暮〕"라고 하였다.

⇒ 비〔雨〕가 하늘에서 떨어지다는 뜻과 발음을 결정한 령令이 합쳐졌다.

④ 落 : 《설문해자》에 "대개 풀이 떨어지는 것을 '령零', 나무가 떨어지는 것을 '락落'이라고 한다.〔落 凡草曰 零 木曰 落〕"라고 하였다. 이는 낙화落花나 낙엽과 연관이 있다. 그러나 현재는 어떤 물건이 떨어지는 것에 국한되지 않고 사용되어 '낙성落星', '낙설落雪' 등에 모두 사용된다.

→ 《시경》 〈위풍衛風 맹氓〉에 "뽕나무 잎이 떨어지기 전에 그 잎이 싱싱하네.〔桑之未落 其葉沃若〕"라고 하였다.

⇒ 풀〔艹〕이 땅에 떨어지다는 뜻과 발음을 결정한 락洛이 합쳐졌다.

## 118. 京(서울 경)·都(도읍 도) : 서울, 도읍

① 京 : 《설문해자》에 "경京은 사람이 만든 매우 높은 언덕이다.〔京人所爲絶高丘也〕"라고 하였다.

→ 백거이白居易의 〈비파행琵琶行〉에 "나는 지난해 황제가 있는 서울을 떠나 귀양살이로 심양성에 병들어 누웠네.〔我從去年辭帝京謫居臥病潯陽城〕"라고 하였다.

⇒ 단독으로 '서울'이라는 의미로 쓰이게 된 것은 선진 이후였다. 오늘날은 '서울', '수도' 등은 높은 건물이 있는 지역이라는 의미보다는 높은 지위를 가진 절대 권력자가 거주하는 지역의 의미가 강하다.

⇒ 높은 건물의 모양을 본떴다.

② 都 : 《설문해자》에 "선대 임금의 오랜 종묘가 있는 곳을 '도都'라고 한다.〔有先君之舊宗廟曰都〕"라고 하였다. 《석례釋例》에 "큰 것을 '도都', 작은 것을 '읍邑'이라고 한다.〔大曰 都 小曰 邑〕"라고 하였다.

한대漢代에 와서 도都는 경京과 함께 '나라의 서울'이라는 의미로 쓰였다.

→《춘추공양전》 희공僖公 16년에 "백성들이 모여 사는 곳을 '도都'라고 한다.〔民所聚曰 都〕"라고 하였다.

⇒ 많은 사람들〔者〕이 모여 사는 고을〔邑〕을 말한다.

## 119. 居(있을 거)·住(살 주)·宿(묵을 숙) : 거주하다, 머무르다

① 居 : 비교적 오랜 시간 머무는 것을 이른다. 때문에 명사로 사용될 경우 거주하는 '장소', '주소' 등을 나타낸다.

→ 《순자》 〈권학勸學〉에 "군자는 거처함에 반드시 마을을 가리고 사귈 때는 반드시 어진 선비에게 나아간다.〔君子居必擇鄕 游必就士〕"라고 하였다.

⇒ 사람〔尸〕이 오랫동안〔古〕 머무는 것을 말한다.

② 住 : 비교적 뒤에 만들어진 글자로 고대에는 '머물다〔止〕'의 뜻으로 해석이 되었으며, 어떠한 일을 진행하다가 잠시 머물고 있는 상태를 이른다. 거居와 주住를 비교하면 거居는 '정착', 주住는 '잠시 동안의 거주'를 이른다.

→ 《열자》 〈양주楊朱〉에 "뜰에는 빈객들이 날마다 백 명은 머물렀고 푸줏간과 부엌에는 연기와 불이 끊이지 않았으며 본채와 곁채에서는 음악소리가 끊이지 않았다.〔賓客在庭者日百住 庖廚之下

不絶煙火 堂廡之上 不絶聲樂〕"라고 하였다.

⇒ 사람〔亻〕이 머무르는 곳의 주인〔主〕이 되는 것을 말한다.

③ 宿 : 《설문해자》에 "숙宿은 '머무르다'이다.〔宿 止也〕"라고 하였고, 《옥편玉篇》에 "숙宿은 밤에 '머무르다'이다.〔宿 夜止也〕"라고 하였다.

→ 《논어》 〈미자微子〉에 "자로는 손을 맞잡고 서 있었다. 자로를 머물러 하룻밤을 묵게 하고 닭을 잡고 수수밥을 지어 먹이고 자신의 두 아들을 만나보게 하였다.〔子路拱而立 止子路宿 殺鷄爲黍而食之 見其二子焉〕"라고 하였다.

⇒ 집〔宀〕에 사람〔人〕이 자리〔百〕를 깔고 자고 누워 있는 모습을 본뜬 글자로, 자리의 모양이 '백百'으로 바뀌었다.

## 120. 臉(뺨 검)·面(낯 면) : 얼굴

① 臉 : 고대에는 '면面'자만 존재할 뿐 '검臉'자는 없었다. 검臉은 위진魏晉시대에 이르러 만들어져 당송唐宋 때 광범위하게 사용되었다. 처음 검臉은 《고금운회거요古今韻會擧要》에 "검臉은 눈 아래의 뺨 위이다.〔臉 目下頰上也〕"라고 하였는데, 이는 광대부분을 이른다. 때문에 고대 부녀들이 연지를 찍는 부분을 '검臉'이라고 하였다.

→ 안수晏殊의 〈춘경春景〉에 "웃음이 양쪽 뺨에서 피어났다.〔笑從雙臉生〕"라고 하였다.

⇒ 모든〔僉〕 감정들을 나타내는 신체부위〔月〕인 얼굴을 이른다.

② 面 : 얼굴의 앞면 전체를 이른다. 《설문해자》에 "면面은 얼굴의 앞이다.〔面 顔前也〕"라고 하였다. 또한 얼굴이 향하고 있는 방향이나 방면을 이른다.

→ 《한비자》 〈내저설 좌하內儲說 左下〉에 "겨울에는 염소 가죽옷을 여름에는 갈포 옷을 입으며 얼굴에는 굶주린 기색이 있어서

훌륭한 대부였으니, 그의 검소함은 아랫사람을 핍박하지 않았다.〔冬羔裘 夏葛衣 面有飢色 則良大夫也 其儉不偪下〕"라고 하였다.

→《열자》〈탕문湯問〉에 "북산에 사는 우공은 나이가 90인데 산을 마주하고 거주하였다.〔北山愚公者 年且九十 面山而居〕"라고 하였다.

⇒ 머리와 얼굴의 경계선〔一〕과 하나의 눈동자〔目〕와 얼굴의 테두리〔口〕를 본뜬 것으로 얼굴을 나타낸다.

## 121. 更(다시 갱/경)·改(고칠 개)·革(바꿀 혁) : 변하다, 바꾸다

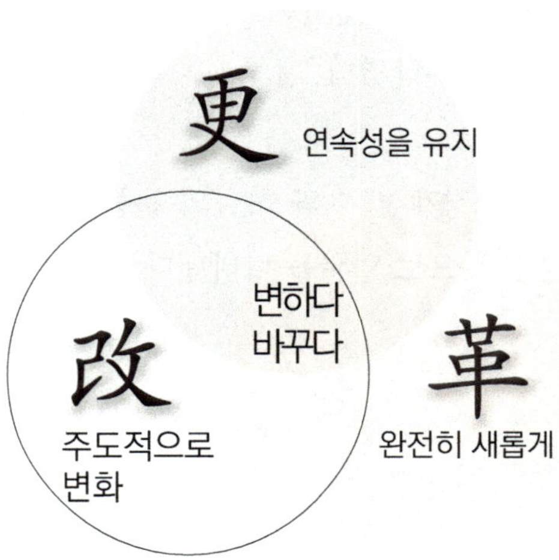


① 更 : 고치거나 변한 다음에도 여전히 사물의 연속성을 유지하고 있음을 뜻한다. 그래서 《사기》에서는 동일한 군주가 계속 집권하는 도중에 연호를 바꿀 때는 '경원更元'이라고 한다.

→ 《논어》 〈자장子張〉에 "군자의 잘못은 일식이나 월식과 같아서 잘못했을 때 사람들이 모두 보게 되고, 고쳤을 때 사람들이 모두 그를 우러러 보게 된다.〔子貢曰 君子之過也 如日月之食焉 過也 人皆見之 更也 人皆仰之〕"라고 하였다.

→ 《사기》 〈외척세가外戚世家〉에 "왕후가 낳은 네 명의 아들은 잇달아 병으로 죽었다.〔王后所生四男 更病死〕"라고 하였다.

⇒ 손〔又〕으로 받침대〔丙〕의 위치를 바꾸는 모습을 본떴다.

② 改 : 자기가 주도적으로 변화시킨다는 뜻을 함유하고 있다.

→ 《주역》 익괘益卦 〈상전象傳〉에 "군자는 선함을 보면 실천하고 허물이 있으면 고친다.〔君子以見善則遷 有過則改〕"라고 하였다.

⇒ 어린아이〔巳〕를 매로 때려〔支〕 잘못을 고치게 하다는 의미를 가졌다.

③ 革 : 《설문해자》에 "짐승의 껍질에서 털을 제거한 것을 '혁革'이라고 한다. 혁革은 '바꾸다'이다.〔獸皮治去其毛曰 革 革 更也〕"라고 한다.

→ 《염철론》 〈비앙非鞅〉에 "법을 바꾸고 교령을 분명히 하니 진나라가 크게 다스려졌다.〔革法明教 而秦人大治〕"라고 하였다.

⇒ 짐승의 대가리〔廿〕와 몸통에서 벗겨놓은 가죽〔口〕, 다리와 꼬리〔十〕를 본뜬 글자로, 이렇게 벗겨 놓은 가죽에서 털을 제거하면 본래 무슨 짐승이었는지 분간할 수 없을 정도로 완전히 새롭게 변함을 이른다. 때문에 혁革은 진부한 것을 제거하다는 의미를 가진다.

## 122. 驚(놀랄 경)·駭(놀랄 해)·愕(놀랄 악) : 놀라다

① 驚 : 《설문해자》에 "경驚은 '말이 놀라다'이다.〔驚 馬駭也〕"라고 하였다. 경驚은 타동사로, '놀라게 하다'는 뜻이다.

→ 《사기》〈자객열전刺客列傳〉에 "몸에 닿기도 전에 진왕이 놀라 스스로 몸을 일으켰다.〔未至身 秦王驚 自引而起〕"라고 하였다.

⇒ 잘 놀라는 말〔馬〕은 언제나 조심히〔敬〕 다루어야 한다.

② 駭 : 놀란 가운데 두려움이 있는 것으로, '소란을 피우다', '교란하다'는 뜻이 있다. 경驚과 해駭는 본래 '말이 놀라다'는 뜻인데 뜻이 파생되어 사람이나 사물에도 쓰여 두려움을 불러 일으키다는 뜻으로 쓰인다. 경驚과 해駭는 둘 다 '두렵다'는 뜻을 가지고 있지만 경驚은 때로 목적어를 수반할 수 있지만 해駭는 목적어를 수반하지 않는다.

→ 《춘추좌씨전》 은공隱公 원년에 "장공이 오생(역산)하여 어머니 강씨를 놀라게 했기 때문에 오생이라고 이름짓고, 마침내 장공

을 미워하였다.〔莊公寤生 驚姜氏 故名曰寤生 遂惡之〕"라고 하였다.

→《사기》〈손자오기열전孫子吳起列傳〉에 "오왕은 대 위에서 참관하다가 사랑하는 여자를 참하려는 것을 보고는 크게 놀랐다.〔吳王從臺上觀 見且斬愛姬 大駭〕"라고 하였다.

⇒ 말〔馬〕과 돼지〔亥〕는 언제나 잘 놀란다.

③ 愕 :《자휘字彙》에 "악愕은 뜻밖의 일로 놀라고 갑자기 놀라 황급한 모양이다.〔愕 錯愕 倉卒驚遽貌〕"라고 하였다. 악愕은 보통 사물이나 갑자기 벌어지는 현상 앞에 정신이 긴장되고 정신이 나가는 것이다. 경驚과 해駭와는 달리 사람에게만 쓰인다.

→《사기》〈자객열전刺客列傳〉에 "형가가 진왕을 쫓아가니 진왕이 기둥을 돌며 달아났다. 뭇 신하들은 모두 정신이 나가 갑자기 생각지도 않은 일이라 어찌 할 바를 몰랐다.〔荊軻逐秦王 秦王環柱而走 群臣皆愕 卒起不意 盡失其度〕"라고 하였다.

⇒ 마음〔忄〕으로 잘 놀라는〔咢〕 것을 말한다.

## 123. 計(꾀 계)·慮(생각 려)·圖(도모할 도)·謀(꾀 모)
: 고려하다, 상의하다

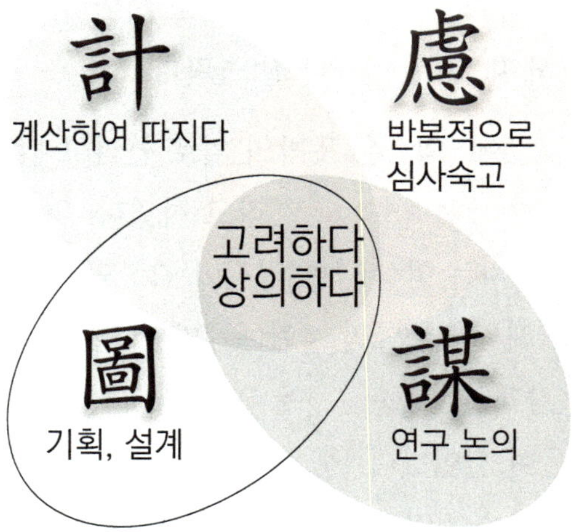


① 計 : 《설문해자》에 "계計는 '회계하다', '계산하다'이다.〔計 會也 算也〕"라고 하였다.

→《예기》〈내칙內則〉에 "10살이 되면 바깥 스승에게 나아가 밖에서 거처하고 자면서 글쓰기와 계산하는 법을 배운다.〔十年 出就外傳 居宿於外 學書計〕"라고 하였다.

⇒ 말〔言〕로 수〔十〕를 계산하여 따지다는 뜻이다. 마음속으로 계산하여 손익과 득실을 따지거나 계획이나 계책을 정하는데 중점을 둔다.

② 慮 : 일을 계획하여 사고하는 것으로 개인적인 사유 활동을 이르는 말이다. 반복하거나 자세히 추고推敲하는 것을 이른다. 고대에는 사려思慮의 의미로 주로 쓰였다. 려慮는 반복적으로 심사숙고하여 득실을 가늠하는데 중점을 둔다.

→《서경》〈태갑 하太甲 下〉에 "생각하지 않으면 무엇을 얻을 것이며, 하지 않으면 무엇을 이루겠는가?〔弗慮胡獲 弗爲胡成〕"라고 하였다.

⇒ 길을 가다 호랑이〔虍〕를 만나면 이러한 상황을 벗어나기 위해 온갖 생각〔思〕을 한다.

③ 圖 : 원래는 '그림', '지도'의 의미로 쓰였지만 후에는 특정한 상황이나 국면에 대한 기획 설계의 의미를 지니게 되었다. 구체적인 대응방법과 순서를 정하는데 중점을 둔다. 도圖는 고려한 후 결정하는 데 중점을 둔다.

→《한비자》〈존한存韓〉에 "원컨대 폐하께서는 잘 도모하시기 바랍니다.〔願陛下熟圖之〕"라고 하였다.

⇒ 일정한 지역〔囗〕 안에 건축물〔啚〕을 짓기 위해 계획함을 이른다.

④ 謀 : '자문하다'는 의미이다. 개인의 사색이 아니라 자문에 중점이 있으며 일반적으로 두 사람 이상이 함께 어떠한 방법과 대책을 연구하고 논의하는 것이다. 모謀는 상의하여 방법이나 계책을 내놓는데 중점을 둔다.

→《춘추좌씨전》 양공襄公 4년에 "정사를 자문하는 것을 '추諏'라고 하고 어려운 것을 자문하는 것을 '모謀'라고 한다.〔咨事爲諏 咨難爲謀〕"라고 하였다.

⇒ 어떠한〔某〕 일을 말〔言〕로 도모하는 것을 말한다.

## 124. 繼(이을 계)·續(이을 속) : 이어지다

① 繼 : 반대의 뜻을 가진 글자는 절絶이다. 절絶은 상하좌우가 끊어져 이어지지 않았다는 뜻이다. 이와 반대로 계繼는 상하좌우가 서로 끊어지지 않고 이어져 있다는 뜻이다. 계繼는 시간상의 연속에 중점을 두어 끊임없이 이어진 것이다.

→ 《예기禮記》 〈상복소기喪服小記〉에 "아비가 죽으면 아들이 뒤를 잇고 형이 죽으면 아우가 잇는다.〔父死子繼 兄終弟及〕"라고 하였다.

⇒ 비단을 짜기 위해 누에를 키우는 발〔㡭〕 위의 실〔糸〕을 잇는다는 뜻이다.

② 續 : 반대의 뜻을 가진 글자는 단斷이다. 단斷은 사물의 중간을 둘로 나눈다는 뜻이다. 속續은 절단된 두 사물을 새로 결합시켜서 온전히 회복시킨다는 뜻이다. 또한 사물이 원래 있던 기초 위에 한 단을 덧붙인다는 뜻이다. 속續은 공간상의 연접에 중점을 두어 끊어짐이 없는 것이다. 《논어》와 《맹자》에는 계繼는 있지만 속續

은 나오지 않는다.

→《사기》〈편작창공열전扁鵲倉公列傳〉에 "첩이 애통하게 생각하는 것은 죽은 사람은 다시 살릴 수 없고 궁형을 당한 사람은 자손을 다시 잇지 못한다는 것입니다.〔妾切痛 死者 不可復生 而刑者 不可復續賣〕"라고 하였다.

⇒ 실〔糸〕을 잇다는 뜻과 발음을 결정한 육賣이 합쳐진 글자이다.

## 125. 固(굳을 고)·堅(굳을 견)·剛(강할 강)·強(굳셀 강) : 견고하다, 강하다

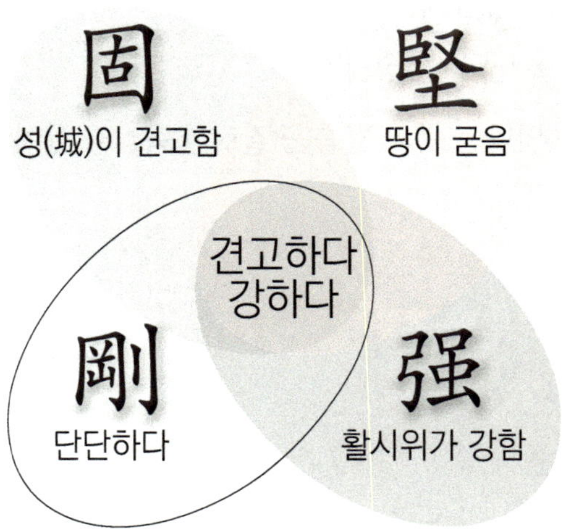


① 固 : 《설문해자》에 "고固는 '사방이 막히다'이다.〔固 四塞也〕"라고 하였다. 고固는 사방이 막힌 것으로 지형이 험준하여 공격은 어렵고 방어는 쉬운 곳이다. 고固는 성이 견고하거나 성곽이 험준함을 이르는 말로 '견堅'·'강剛'·'강强'으로 대체할 수 없다. 강强은 활이 강할 때 사용하고 다른 세 글자로 대체가 불가능하다.

→ 《전국책》 〈진책秦策〉에 "동쪽에는 효산과 함곡관의 견고함이 있다.〔東有肴函之固〕"라고 하였다.

⇒ 오래도록〔古〕 사방이 막혀〔囗〕 통하지 않는 견고堅固하고 고루固陋함을 이른다.

② 堅 : 《설문해자》에 "견堅은 '흙이 단단하다'이다.〔堅 土剛也〕"라고 하였다. 견堅과 강剛을 비교하면 견堅은 물질이 결합하여 긴밀하고 강력하게 응고되어 부수기가 쉽지 않은 것이고, 강剛은 깨뜨

릴 때 '쇄碎'·'괴壞' 등의 글자를 사용하고, 강剛을 깨뜨릴 때는 '굴屈'·'요撓' 등의 글자를 사용한다.

→《한비자》〈난일難一〉에 "초나라 사람 중에 창과 방패를 파는 사람이 있었는데, 자기 방패는 견고함을 자랑하며 '어떤 물건도 뚫을 수 없다'라고 하였다.〔楚人有鬻矛與楯者 譽其楯之堅 物莫能陷也〕"라고 하였다.

⇒ 땅〔土〕이 단단하게〔臤〕 굳은 상황을 이른다.

③ **剛** :《설문해자》에 "강剛은 강단이다.〔剛 剛斷也〕"라고 하였다. 강단은 꺾일 수는 있어도 구부러지지 않는다는 뜻이니 '단단하다'는 의미이다.

→《시경》〈대아大雅 증민蒸民〉에 "사람들 사이에 떠도는 말이 있으니 부드러우면 먹고 딱딱하면 뱉는다.〔人亦有言 柔則茹之 剛則吐之〕"라고 하였다.

⇒ 산〔岡〕처럼 강한 칼〔刂〕을 이른다.

④ **强** : 강彊과 같은 글자로, 활시위가 강하여 멀리 도달할 수 있음을 형용하는 말이다. '강하다'는 뜻에서 의미가 파생되어 강력하여 굽지도 부러지지도 않는다는 뜻이다. 강强의 반의어는 유柔이다.

→《사기》〈전경중완세가田敬仲完世家〉에 "이에 제나라는 제후들 중에서 가장 강하여 스스로 왕이라고 하고 천하를 호령하였다.〔於是齊最强於諸侯 自稱爲王 以令天下〕"라고 하였다.

⇒ 쌀벌레〔虫〕처럼 확장된〔弘〕 생명력이 매우 강함을 뜻한다.

## 126. 告(알릴 고)·誥(고할 고)·詔(고할 소) : 알리다, 고하다

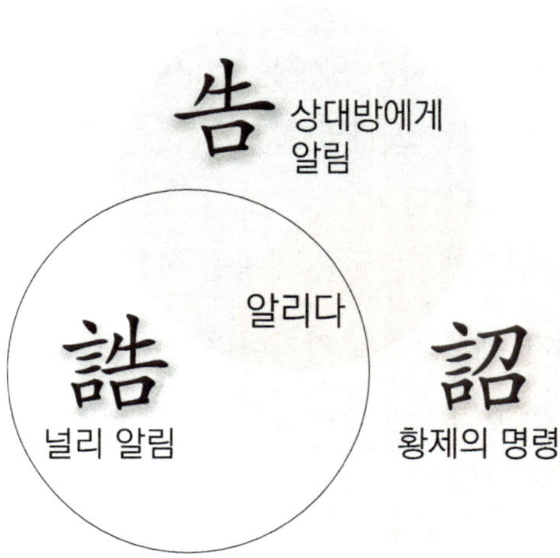


① 告 : '알리다'는 뜻이다. 지위를 막론하고 자신의 뜻을 상대방에게 알리는 것을 이른다. 보통 아랫사람이 윗사람에게 알릴 때는 '보고報告'라는 뜻을 나타내고 반대로 윗사람이 아랫사람에게 알릴 때는 '깨우쳐주다'는 뜻을 내포한다.

→《맹자》〈공손추 상公孫丑 上〉에 "자로는 남이 그에게 잘못이 있음을 알려주면 기뻐하였고 우임금은 훌륭한 말을 들으면 절을 하였다.〔子路 人告之以有過則喜 禹聞善言則拜〕"라고 하였다.

→《서경》〈감서甘誓〉에 "왕이 말하였다. '아! 육군의 일을 맡은 사람들이여. 내 서약하는 말을 너희들에게 일깨워 주겠노라.'〔王曰 嗟 六事之人 予誓告汝〕"라고 하였다.

⇒ 소〔牛〕를 희생으로 삼아 하늘에 알리는〔口〕 것을 말한다.

② 誥 : 은주殷周시대에는 훈계와 격려하던 포고문이었다.《서경》의 편명인〈대고大誥〉는 '널리 알리다'의 뜻으로 쓰였다.

→《서경》〈주서周書 대고大誥〉에 "왕께서 이렇게 말씀하셨다. '아! 그대들 여러 나라에 널리 고한다.'〔王若曰 猷 大誥爾多邦〕"라고 하였다.

⇒ 말〔言〕로 고하는〔告〕 것을 이른다.

③ 詔 :《설문해자》에 "진나라에서는 '소詔'자를 만들어 오직 천자만이 일컬었다.〔秦造詔字 惟天子獨稱之〕"라고 하여, 오직 황제의 명령에만 한정하여 사용하였다. 이후 수당隋唐 이후에는 '고誥'자는 황제가 고위 관리를 임명하거나 봉호封號를 내릴 때 사용하였다.

→《사기》〈굴원가생열전屈原賈生列傳〉에 "이때 가생의 나이가 20세 남짓으로 박사 중에서 가장 나이가 어렸다. 매번 조령에 관하여 의논할 때마다 여러 노선생들은 제대로 말을 하지 못하였지만 가생은 모두 답을 하였다.〔是時賈生年二十餘 最爲少 每詔令議下 諸老先生不能言 賈生盡僞之對〕"라고 하였다.

⇒ 말〔言〕로 불러서〔召〕 말하는 것을 이른다.

## 127. 恭(공손할 공)·敬(공경할 경) : 공경하다

① 恭 : 경敬과 연용하여 공경恭敬으로 쓸 만큼 거의 동일한 의미를 가지고 있다. 《이아爾雅》 〈석고釋詁〉에 "공恭은 '공경하다'이다.〔恭 敬也〕"라고 하였고, 《광운廣韻》에 "경敬은 '공경하다'이다.〔敬 恭 也〕"라고 하였다.

→ 《맹자》 〈고자 상告子 上〉에 "공경하는 마음은 사람이라면 누구나 다 가지고 있다.〔恭敬之心 人皆有之〕"라고 하였다.

⇒ 두 손을 함께하여〔共〕 어떠한 물건을 받드는 공경의 마음〔心〕을 담았다.

② 敬 : 《설문해자》에 "경敬은 '엄숙하다'이다.〔敬 肅也〕"라고 하였다.

→ 《논어》 〈자로子路〉에 "번지가 인에 대하여 묻자 공자께서 말씀하셨다. '평소에 거처할 때는 공손하고 일을 할 때는 경건하며 남에게 대할 때는 진심을 다하여야 한다. 비록 오랑캐의 땅에 가더라도 이를 버려서는 안 된다.'라고 하였다.〔樊遲問仁 子曰 居

處恭 執事敬 與人忠 雖之夷狄 不可棄也〕"라고 하였다.

⇒ 무릎을 꿇고 앉아있는 사람〔苟〕의 뒤에서 매질하여〔攴〕 공경을 강요하고 있다.

○ '공恭'은 개인의 행위의 공손함을 경敬은 내심에 바탕을 둔 경건함이나 공경함을 이른다. 때문에 공恭은 '공이유례(恭而有禮, 공손하여 예의가 있다)', '공근어례(恭近於禮, 공손함이 예에 가깝다)'에서 말한 것처럼 공恭은 자연스럽게 예禮와 관련된다. 그런데 '경敬'은 사事를 언급할 때 특히 강조되는데 공사의 분별은 엄중하게 마음을 쓰지 않을 수 없으므로 '경敬'자를 써서 이러한 상황을 강조하였다.

어법의 측면에서는 '공恭'은 목적어를 수반하지 않는 경우가 많지만, '경敬'은 목적어를 수반하는 경우가 많다. 또한 '공恭'은 주체의 공손함을 묘사하는데 편중하는 반면 '경敬'은 객체에 대한 공경을 표현하는데 핵심을 둔다.

## 128. 供(이바지할 공)·貢(바칠 공)·獻(바칠 헌) : 드리다, 바치다

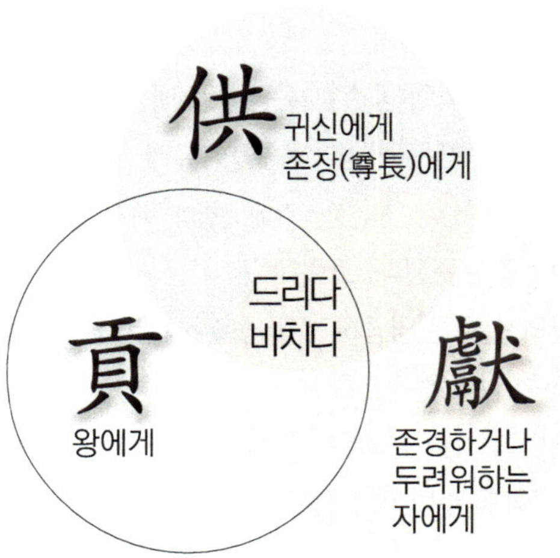


① 供 : 처음에는 경건함을 내포하였는데, 점차 제물을 귀신에게 바치거나 존장尊長에게 물품을 봉헌하는데 상용되었다.

→《서경》〈주서周書 비서費書〉에 "갑술일에 나는 보루를 쌓을 것이니 감히 물자를 공급하지 못하는 일이 없도록 하라.〔甲戌 我惟築 無敢不供〕"라고 하였다.

⇒ 어떤 사람〔人〕에게 물건을 두 손을 함께하여〔共〕 드리는 상황을 본떴다.

② 貢 : 일반적으로 제후국이나 지방에서 천자나 조정에 물품을 바치는데 사용하였다. 후에 약한 나라가 강한 나라에 물품을 진헌하는 의미로 쓰였다.《경전석문經典釋文》에 "공貢은 아랫사람이 윗사람에게 들이는 것이다.〔貢 下之所納于上〕"라고 하였다.

→《사기》〈관안열전管晏列傳〉에 "관중은 그 일로 인해 초나라를 정벌하며, 주 왕실에게 포모包茅를 바치지 않은 것을 꾸짖었

다.〔管仲因而伐楚 責包茅不入貢於周室〕"라고 하였다.

⇒ 값나가는 물품〔貝〕과 노동력〔工〕을 바치는 것을 이른다.

③ 獻 : 제사를 지낼 때 제물을 바치는 것을 이른다. 이 뜻이 파생되어 보물이나 의견 등을 임금에게 진상하는 것을 이르게 되었다. 정현鄭玄은 "옛날 남에게 물건을 보낼 때 그것을 높여서 '헌獻'이라고 하였다.〔古者 致物于人 尊之則曰獻〕"라고 하였다.

→《한비자》〈유노喩老〉에 "송나라의 시골 사람이 옥덩이를 얻어 자한에게 바쳤지만 자한은 받지 않았다.〔宋之鄙人得璞玉而獻之子罕 子罕不受〕"라고 하였다.

⇒ 범〔虍〕이 새겨진 솥〔鬲〕에 개고기〔犬〕를 담아 제사를 지내는 것을 이른다.

○ '공貢'과 '헌獻'은 의미가 가깝기 때문에 연용하는 경우가 많다. 그런데 '공貢'은 제왕帝王에게 봉헌하는데 중점이 있다면 '헌獻'은 존경하거나 두려워하는 자에게 올리는 것을 이른다. 그리고 드리는 대상물에 관하여 '공貢'은 일반적으로 물품을, '헌獻'은 물품 이외에 자신의 신체나 '충심', '의견' 등 매우 다양하다.

## 129. 觀(볼 관)·察(살필 찰) : 자세히 보다

① 觀 : 《설문해자》에 "관觀은 '살펴보다'이다.〔觀 諦視也〕"라고 하였다. 《정자통正字通》에 "관觀은 '멀리 보다'이다.〔觀 遠視也〕"라고 하였다. '멀리 보다'는 의미에서 '큰 각도에서 보다', '두루 보다'는 뜻을 나타내기도 한다. 또한 이외에도 자세히 관찰하거나 관측하는 의미도 있다.

→ 《맹자》〈진심 상盡心 上〉에 "물을 보는데 방법이 있으니 반드시 그 여울을 살펴보아야 한다.〔觀水有術 必觀其瀾〕"라고 하였다.

⇒ 학〔雚〕이 목을 빼고 바라보는〔見〕 상황을 본떴다.

② 察 : 《이아爾雅》〈석고釋詁〉에 "찰察은 '살피다'이다.〔察 審也〕"라고 하였다. 《광운廣韻》에 "찰察은 '자세히 살피다'이다.〔察 諦也〕"라고 하였다.

→ 《맹자》〈양혜왕 상梁惠王 上〉에 "밝은 시력은 가을에 동물 털끝도 살필 수 있지만 수레에 실은 땔나무는 보지 못한다.〔明足以

察秋毫之末 而不見輿薪〕"라고 하였다.

⇒ 제사〔祭〕를 드리는 제당祭堂〔宀〕은 항상 정갈하게 살펴야 함을 이른다.

○ '관觀'과 '찰察'은 자세하게 보는 것으로 관觀은 전체적인 윤곽을 파악하는데 중점을 두고, 찰察은 세밀하고 분명하게 보는데 중점을 둔다. 또한 '관觀'은 '관관觀觀'의 경우처럼 첩어로 사용할 수 없지만, '찰察'은 '찰찰察察'의 경우처럼 첩어로 사용이 가능하다.

→ 《노자》 "세속 사람들은 분별력이 뛰어나지만 나만 홀로 답답하네.〔俗人察察 我獨悶悶〕"라고 하였다.

→ 유종원柳宗元의 〈포사자설捕蛇者說〉에 "그래서 이 글을 지어 그 민정을 살피는 사람이 구해 볼 수 있기를 기다렸다.〔故爲之說 以俟夫觀風者得焉〕"라고 하였다.

## 130. 共(함께 공)· 同(한가지 동) : 함께

① 共 : 두 손을 함께 맞잡고 있는 모습이다.

→ 《논어》 〈공야장公冶長〉에 "수레와 말과 가벼운 갖옷을 친구와 함께 쓰다가 낡더라도 유감이 없고자 한다.〔願車馬衣輕裘 與朋友共 敝之而無憾〕"라고 하였다.

⇒ 두 손〔廾〕으로 어떠한 물건〔口〕을 상대에게 드리는 모습에서 '함께', '받들다'는 의미가 파생되었다.

② 同 : 원래는 사방에서 제후들이 함께 모인 것을 말한다.

→ 《논어》 〈자로子路〉에 "군자는 화합하되 뇌동하지 않고 소인은 뇌동하되 화합하지 못한다.〔君子和而不同 小人同而不和〕"라고 하였다.

⇒ 여러 사람〔凡〕이 함께 구령〔口〕에 맞추어 함께 어떠한 일을 하는 상황을 본떴다.

○ '공共'과 '동同'은 반대의 개념을 살펴보면 쉽게 이해가 된다. '공共'의 반대개념은 분分이고, '동同'의 반대개념은 '이異'·'수殊'이다. 따라서 상동相同의 의미를 쓸 때는 동同을 쓰고 공共을 쓰지 않으며 '전부'의 개념에는 공共을 쓰고 동同을 쓰지 않는다.

## 131. 空(빌 공)·虛(빌 허)·曠(빌 광) : 텅 비다

① 空 :《설문해자》에 "공空은 구멍이다.〔空 竅也〕"라고 하였다.

→《장자》〈추수秋水〉에 "사해에 둘러싸여 있는 이 세계가 천지 사이에 있는 것을 헤아려 본다면, 마치 개미구멍이 큰 연못가에 있는 것 같지 않겠는가?〔計四海之在天地之間也 不似礨空之在大澤乎〕"라고 하였다.

⇒ 공구〔工〕를 이용하여 굴〔穴〕을 뚫은 상황이다. 처음에는 구멍의 의미로 쓰이다가 '허공', '텅 빈 공간'의 의미로 의미가 파생되었다.

② 虛 :《설문해자》에 "허虛는 큰 언덕이다.〔虛 大丘也〕"라고 하였다. 이 뜻이 파생되어 허공空虛의 의미를 나타내고 추상적인 사물이나 진실하지 않음을 이르는 말로 사용되었다.

→《시경詩經》〈용풍鄘風 정지방중定之方中〉에 "저 성터에 올라 초구를 바라보네.〔升彼虛矣 以望楚矣〕"라고 하였다.

→ 《사기》 〈사마상여열전司馬相如列傳〉에 "사마상여의 글은 실상이 없는 말과 남발하는 말이 많지만 그 요지는 절약과 검소에 귀결한다.〔相如 雖多虛辭濫說 然要其歸引之於節儉〕"라고 하였다.

⇒ 마치 호랑이〔虍〕가 입을 벌리고 있는 것처럼 텅빈 언덕〔丘〕을 이른다.

③ 曠 : 《설문해자》에 "광廣은 광대한 밝음이다.〔曠 廣大之明也〕"라고 하였다. 본래는 '밝다'는 뜻으로 쓰였다가 후에 뜻이 파생되어 공간이 환하고 넓은 것을 가리킨다.

→ 도연명陶淵明의 〈도화원기桃花源記〉에 "땅은 평평하고 넓으며 집은 단정하고 장엄하다〔土地平曠 屋舍儼然〕"라고 하였다.

⇒ 공간이 넓어〔廣〕 해〔日〕가 잘 들어오는 상황을 이른다.

## 132. 俱(함께 구)·具(갖출 구) : 모두

① 俱 : 만약 둘 이상의 사람이 동일한 일을 함께 한다면 일반적으로 구俱를 쓴다.

→《맹자》〈진심 상盡心 上〉에 "부모님 모두 생존해 계시고 형제들도 무고한 것이 첫 번째 즐거움이다.〔父母俱存 兄弟無故 一樂也〕"라고 하였다.

⇒ 사람〔人〕이 모두 갖추어져〔具〕 있는 상태인 상태를 이른다.

② 具 : 만약 한 사람이 한 방면에서 한 건의 일을 하면 구具만 사용하고 구俱를 사용하지 않는다.

→《사기》〈유후세가留侯世家〉에 "장량은 이에 들어가서 패공에게 전부 고하였다.〔良乃入 具告覇公〕"라고 하였다.

⇒ 모든 음식이 갖추어져 있는 솥〔鼎〕을 손〔廾〕으로 받들고 있는 모습이다.

○ '구俱'와 '구具'는 '모두', '전부'의 뜻이 있다. 그러나 이러한 뜻으로 선진先秦시대에는 구具를 많이 사용하였다.

→《시경》〈소아小雅 절남산節南山〉에 "빛나는 태사 윤씨여, 백성들이 모두 당신을 우러러 보네.〔赫赫師尹 民具爾瞻〕"라고 하였다.

## 133. 寡(적을 과)· 少(적을 소) : 적다, 많지 않다

① 寡 : '사람이 적다'는 뜻으로, 반대의 뜻을 가진 글자는 중衆이다. 여기서 뜻이 파생되어 외롭고 의지할 곳 없는 사람의 의미로 쓰인다. 상고시대에는 아내나 남편이 배우자가 없는 것을 이르는 말이었고, 아내가 남편이 없다는 뜻은 후에 생겼다. 과寡는 '사람의 수가 적다'는 의미로, '다多'·'중衆'과 더불어 상응한다.

→《맹자》〈양혜왕 상梁惠王 上〉에 "작은 것은 본래 큰 것을 대적할 수 없고, 적은 것은 본래 많은 것을 대적할 수 없으며, 약한 것은 본래 강한 것을 대적할 수 없다.〔小固不可以敵大 寡固不可以敵衆 弱固不可以敵彊〕"라고 하였다.

⇒ 각자 집〔宀〕에서 따로 따로 나누어〔分〕 사는 사람〔頁〕을 이르는 말로, 함께 살지 못함을 뜻한다.

② 少 : 수량이 적은 것인데 늘 다多와 상응하고, 드물지만 중衆과도 상응할 때도 있다. 이것이 파생되어 '결핍되다', '조금' 이라는 뜻

으로도 쓰인다.

→ 《맹자》 〈양혜왕 상梁惠王 上〉에 "이웃나라의 백성은 더 적어지지 않고, 과인의 백성들이 더 많아지지 않는 것은 무슨 까닭인가?〔隣國之民 不加少 寡人之民 不加多 何也〕"라고 하였다.

⇒ 작은 알갱이의 모양을 본뜬 글자이다.

## 134. 關(빗장 관)·杜(닫을 두)·塞(막힐 색) : 막히다, 닫다

① 關 : 본래의 뜻은 '빗장'인데, 이 뜻이 '문을 닫다'는 뜻으로 파생되었다. 현대 중국어에서는 '닫다'는 뜻으로 통상 폐閉를 쓰고 관關을 쓰지 않았다.

→ 도연명陶淵明의 〈귀거래사歸去來辭〉에 "정원을 날마다 거닐어 흥겨운 정취를 이루고 문을 비록 달아 두기는 했지만 늘 닫혀 있네.〔園日涉以成趣 門雖設而常關〕"라고 하였다.

⇒ 문〔門〕을 실〔絲〕로 꽁꽁 동여매어 단단하게 닫은 모양을 본떴다.

② 杜 : 《정자통正字通》에 "두杜는 단절이다.〔杜 絶也〕"라고 하였다. 그러나 본래의 의미는 팥배나무이다. 두杜는 도堵로 가차되어 오늘날 '막다'의 뜻으로 쓰이고 있다. 또한 두杜는 주로 추상적인 사물에 사용되고 좋지 않은 행위를 제지하는데 사용된다.

→ 《사기》 〈이사열전李斯列傳〉에 "진나라 왕실의 권력을 강화시키고 사사로운 가문을 막고 제후국들을 잠식해 들어갔다.〔彊公室

杜私門 饔食諸侯〕"라고 하였다.

⇒ 땅〔土〕에 나무〔木〕를 심어 통로를 단절하는 것을 말한다.

③ 塞 : 《설문해자》에 "색塞은 '막다'이다.〔塞 隔也〕"라고 하였다. 색塞의 본래의 뜻은 구멍이나 통로를 막아서 '통하지 않게 하다'는 뜻이다.

→ 《논어》 〈팔일八佾〉에 "임금이어야 나무를 세워 문을 가리는데, 관중 역시 나무를 세워 문을 가렸다.〔邦君樹塞門 管氏亦樹塞門〕"라고 하였다.

⇒ 여러 기술자〔工〕들이 두 손〔廾〕으로 흙〔土〕을 이용하여 집〔宀〕에 난 구멍을 막고 있는 상황이다. 추위〔寒〕가 오기 반드시 대비해야 하는 일이다.

## 135. 館(객사 관)·舍(객사 사) : 객사

① 館 : 《설문해자》에 "관館은 객사이다.〔館 客舍也〕"라고 하였다. 서호徐灝는 '관館'자에 대하여 "대개 사자가 가는 곳에 관館을 빌려 음식을 제공하므로 '관館'자는 식食으로 구성되었다.〔蓋使者所至 假館授餐 故館從食也〕"라고 하였다. 이후 그 뜻이 파생되어 일반적인 집의 뜻으로 쓰였다.

→ 《맹자》 〈고자 하告子 下〉에 "공관을 빌릴 수 있으니, 원컨대 머물러 문하에서 수업을 받고 싶습니다.〔可以假館 願留而受業於門〕"라고 하였다.

⇒ 음식〔食〕을 제공하는 관소〔官〕의 의미를 가졌다.

② 舍 : 《설문해자》에 "저잣거리의 집을 '사舍'라고 한다.〔市居曰 舍〕"라고 한다. 사舍는 임시로 거주하는 곳을 이른다. 《일주서逸周書》 〈대취大聚〉에 "20리마다 사舍를 둔다.〔二十里有舍〕"라고 하였다.

→ 《춘추좌씨전》 선공宣公 2년에 "처음 선자宣子가 수산에서 사냥

을 하다가 뽕나무 아래에서 묵었다.〔初 宣子田於首山 舍于翳桑〕”
라고 하였다.

⇒ 지붕〔亼〕과 기둥과 서까래〔十〕와 주춧돌〔口〕을 본떴다.

## 136. 驕(교만할 교)·傲(거만할 오) : 교만하다

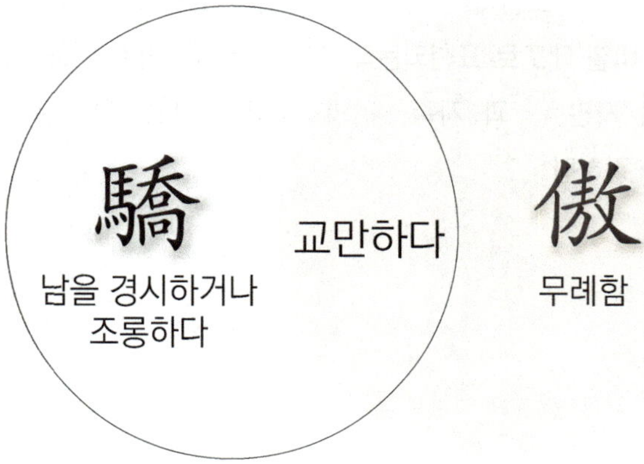


① 驕 : 《설문해자》에 "말의 높이가 여섯 자가 되는 것을 '교驕'라고 한다.〔馬高六尺爲驕〕"라고 하였다. 교驕의 본래의 뜻은 6척 높이의 크고 건장한 말이라는 뜻이었는데, 후에 말이 제멋대로 굴며 제재가 통하지 않는다는 뜻으로 파생되었다. 이후 방종放縱 등의 의미로 쓰였다.

→ 《상군서》 〈전법戰法〉에 "왕자의 병사들은 승리해도 교만하지 않고 패하여도 원망하지 않았다.〔王者之兵 勝而不驕 敗而不怨〕"라고 하였다.

⇒ 키가 큰〔喬〕 말〔馬〕을 탄 사람은 작은 말을 탄 사람에게 교만하다는 뜻이다.

② 傲 : 《설문해자》에 "오傲는 '거만하다'이다.〔傲 倨也〕"라고 하였다.

→ 도연명陶淵明의 〈귀거래사歸去來辭〉에 "남쪽 창에 기대어 멋대로 있으니, 무릎이 겨우 들어 갈만한 집이라도 평안함을 알겠

네.〔倚南窓以寄傲 審容膝之易安〕"라고 하였다.

⇒ 사람〔亻〕이 바깥으로〔出〕 내쳐질〔放〕 정도로 오만함을 이른다.

○ '교驕'는 스스로 교만하여 남을 경시하거나 조롱하는 것이며, '오傲'는 거만함이 바깥 태도로 표현되는데 중점을 둔다. 때문에 '교驕'는 스스로 높이 여겨 '자만自滿'과 '자족自足'의 의미가 강하고, '오傲'는 '무례하다'는 의미가 강하다.

## 137. 勤(부지런할 근)·勞(일할 로) : 수고롭다

① 勤 : 《설문해자》에 "근勤은 '수고롭다'이다.〔勤 勞也〕"라고 하였다.

→ 《춘추좌씨전》 희공僖公 32년에 "군대를 수고롭게 하여 먼 나라를 치는 것은 들어보지 못했습니다.〔勞師以襲遠 非所聞也〕"라고 하였다.

⇒ 불속에서 고통을 당하고 있는 사람〔堇〕이 힘써〔力〕 애를 쓰다는 의미이다.

② 勞 : 《설문해자》에 "'로勞는 '심하다'이다.〔勞 劇也〕"라고 하였다.

→ 《춘추좌씨전》 성공成公13년에 "기쁨으로 백성들을 먼저 하였을 때 백성들은 수고로움에 뜻을 둔다.〔悅以先民 民志其勞〕"라고 하였다.

⇒ 등불〔熒〕을 들고 늦게 까지 힘써〔力〕 일함을 이른다.

## 138. 仇(원수 구)·讐(원수 수)·敵(원수 적) : 원수, 대등하다

① 仇 : 《설문해자》에 "구仇는 호오好惡의 뜻을 동시에 가지고 있는 말이다.〔仇者 兼好惡之詞〕"라고 하였다. 이는 《정운正韻》에 "구仇의 음은 구求이고 '짝하다'의 뜻이다.〔仇 音求 匹也〕"라고 하였다. 구仇는 구逑와 뜻이 통하기 때문에 '짝'이란 의미를 가졌다. 여기서 원한을 가지고 마주해야 하는 상대인 '원수'라는 의미로 그 뜻이 파생되었다. 때문에 '호오好惡'의 두 뜻을 동시에 가지고 있다'고 한 것이다.

→ 《예기》 〈치의緇衣〉에 "가까운 자는 미혹하지 않고 먼 자는 의심하지 않는다. 《시경》에 '군자의 좋은 짝이로다.'라고 하였다.〔邇者 不惑而遠者不疑也 詩云 君子好仇〕"라고 하였다.

⇒ 많은〔九〕 사람〔亻〕이 모이면 언제나 나와 관계가 좋지 않은 사람이 생긴다.

② 讐 : 《설문해자》에 "수讐는 '말로 대응하다'이다.〔讐者 以言對之〕"

라고 하였다. 여기서 말에 대한 대답이라는 뜻에서 상대의 행위에 대한 앙갚음, 즉 '원수'의 의미로 그 뜻이 파생된 것이다.

→《시경》〈대아大雅 억抑〉에 "대답하지 않는 말은 없고 보답하지 않는 은덕은 없다.〔無言不讐 無德不報〕"라고 하였다.

⇒ 두 마리의 새가〔隹隹〕 서로 마주하고 마치 사람이 말〔言〕로 싸우듯 재잘대는 상황을 본떴다.

③ 敵 :《이아爾雅》〈석고釋詁〉에 "적敵은 '짝하다'이다.〔敵 匹也〕"라고 하였다. 쌍방이 각 방면에 우열이 따질 수 없이 서로 필적하는 것을 '적敵'이라고 한다. 적敵은 '대등하다'는 뜻으로 당當과 의미가 비슷하지만 당當은 동사로서 대적하는 행위나 대적하는 과정을 가리키고 적敵은 명사로서 쌍방이 대등함을 이른다.

→《춘추좌씨전》 환공桓公 3년 "공주가 대등한 나라로 시집 갈 경우 임금의 자매이면 상경이 호송한다.〔凡公女 嫁于敵國 姊妹 則上卿送之〕"라고 하였다.

⇒ 손으로 적을 쳐부수다〔攴〕는 의미와 발음을 결정한 적啇이 합쳐진 글자이다.

○ '구仇'와 '구讐'는 '원수', '원한'의 의미에 해당하는 글자로, 상고시대에는 '수讐'자를 많이 사용하였지만 후대에는 '구仇'자를 많이 사용하게 되었다. 또한 구仇와 수讐가 결합하여 '구수仇讎'라는 말로 사용될 때에는 적과의 사이에 다툼이 그치지 않는다는 뜻으로 서로 양립할 수 없는 적敵을 이른다.

## 139. 教(가르칠 교)·訓(가르칠 훈)·誨(가르칠 회) : 가르치다

① 教 : 대상이 사람일 경우 가르치는 내용이 도덕과 법령의 범주에 속한다.

→《맹자》〈양혜왕 상梁惠王 上〉에 "학교 교육을 신중하게 실시하고, 부모에게 효도하며 형제끼리 우애하는 의리로써 되풀이하여 가르친다면〔謹庠序之教 申之以孝悌之義〕"이라고 하였다.

⇒ 어린아이〔子〕에게 회초리〔爻〕로 매질하며〔攵〕 가르치고 있는 모습을 본떴다.

② 訓 :《설문해자》에 "훈訓은 '설교하다'이다.〔訓 說教也〕"라고 하였다. 따라서 훈訓의 목적은 설교를 받는 사람들로 하여금 전통적인 법규, 제도, 도덕 등을 준수하고 따르게 하는 것이다.

→《서경》〈이훈伊訓〉에 "이윤은 열조가 이룬 덕을 분명히 말하여 왕을 훈계하였다.〔伊尹乃明言烈祖之成德 以訓于王〕"라고 하였다.

⇒ 말〔言〕로 물 흐르듯〔川〕 막힘없이 가르치는 것을 이른다.

③ 誨 : 《설문해자》에 "회誨는 '가르치다'이다.〔誨 曉教也〕"라고 하였다. 《광운廣韻》에 "회誨는 '가르치다'이다. 효曉는 '가르치다'이다.〔誨 教也 曉 說也〕"라고 하였다. 회誨의 본래의 뜻은 '교도教導', '지도指導'이다. 그런데 회誨는 교육의 대상이 '문도門徒'와 '자제子弟'이고 교육하는 사람은 '스승'과 '부형父兄'이며 내용은 계몽啓蒙이다.

→ 《순자》 〈성상成相〉에 "아래로 자제들을 깨우치고 위로는 조상을 섬긴다.〔下以教誨子弟 上以事祖考〕"라고 하였다.

⇒ 말〔言〕로 매번〔每〕 가르치다는 의미이다.

○ '교教'는 무엇을 '가르치다'는 의미가 강하고, '회誨'는 가르치되 배우는 사람에게 스스로 '깨닫게 하다'는 의미가 강하다. 따라서 군중이나 사병 등에 대해서는 교教를 사용하지 회誨를 사용하지 않는다. 회誨는 도덕적인 훈계 이외에 전문지식의 전수에 사용한다.

## 140. 窺(엿볼 규)·瞻(볼 첨)·瞰(볼 감)·顧(돌아볼 고)·相(볼 상) : 보다

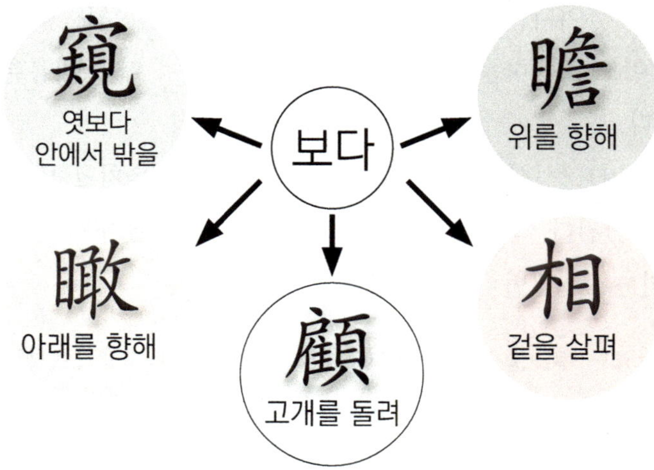


① 窺 : 은밀하게 엿보는 것이다. 또는 안에서 밖을 내다보는 것이다.

→ 《노자》에 "문을 나서지 않아도 천하를 알고 창밖을 내다보지 않아도 천도를 안다.〔不出戶 知天下 不窺牖 見天道〕"라고 하였다.

⇒ 구멍〔穴〕을 통해 남자〔夫〕가 엿보는〔見〕 상황을 본떴다.

② 瞻 : 위를 향하여 보는 것이다. 그 예로, 별자리를 관측하는 첨성대瞻星臺가 그중 하나이다.

→ 《시경》 〈패풍邶風 웅치雄雉〉에 "저 해와 달을 바라보니 나의 시름 아득하네.〔瞻彼日月 悠悠我思〕"라고 하였다.

⇒ 시선〔目〕이 어떠한 사물에 이르는〔詹〕 상황을 본떴다.

③ 瞰 : 높은 곳에서 아래를 향해 내려 보는 것이다. 그 예로, 새가 내려다보듯 위에서 아래로 보이는 광경을 그린 조감도鳥瞰圖가 그

중 하나이다.

→ 《후한서》 〈광무제기 상光武帝紀 上〉에 "운거는 10여장 높이여서 성안을 내려 볼 수 있었다.〔雲車十餘丈 瞰臨城中〕"라고 하였다.

⇒ 두려움 없는 시선으로〔目〕 감히〔敢〕 내려 보는 상황을 본떴다.

④ 顧 : 고개를 돌려 돌아보는 것이다. 그 뜻이 파생되어 '방문하다'의 뜻을 가지기도 한다.

→ 《장자》 〈추수秋水〉에 "장자는 낚싯대를 쥐고 돌아보지도 않고 말하였다.〔莊子持竿不顧曰〕"라고 하였다.

⇒ 머리〔頁〕를 돌려〔雇〕 돌아봄을 이른다.

⑤ 相 : 겉모습을 살피는 것이다.

→ 《시경》 〈용풍鄘風 상서相鼠〉에 "쥐도 가죽이 있는데 사람이면서 예의가 없으랴.〔相鼠有皮 人而無儀〕"라고 하였다.

⇒ 눈〔目〕으로 나무〔木〕를 살피고 있는 상황을 본떴다.

## 141. 謳(노래할 구)·歌(노래 가)·唱(노래 창)·謠(노래 요) : 노래하다

① 謳 : 《설문해자》에 "구謳는 무리지어 부르는 노래이다.〔謳 齊歌也〕"라고 하였다. 《한서》 〈고제기高帝紀〉에 "모두 노래 부르며 동쪽으로 돌아갈 것을 생각하였다.〔皆歌謳 思東歸〕"라고 하였다. 구謳는 여러 사람이 함께 부르는 일종의 합창이다.

→ 《춘추좌씨전》 양공襄公 17년에 "평공을 위해 대를 짓는데 추수에 방해가 되자, 자한이 농사가 끝날 때를 기다릴 것을 청하였지만 평공은 허락하지 않았다. 이에 집을 짓는 사람들이 함께 노래를 하였다.〔爲平公築臺 妨於農收 子罕請俟農功之畢 公弗許 築者謳〕"라고 하였다.

⇒ 일상의 말〔言〕에 가락을 넣어서 어떠한 지역안의 여러 사람〔區〕이 함께 노래하는 모양을 본떴다.

② 歌 : 노래의 총칭이다. 따라서 노래를 부를 수 있는 시는 모두 '가

歌'라고 한다. 가歌는 동사로 자주 사용되었다. 그래서 《설문해자》에 "가歌는 '노래하다'이다.〔歌 咏也〕"라고 하였다. 가歌는 일반적으로 일정한 악장과 곡보曲譜의 반주가 있는 노래를 뜻한다.

→ 《시경》 〈진풍陣風 묘문墓門〉에 "저 사람이 착하지 못함을 노래를 불러 알려주었네.〔夫也不良 歌以訊之〕"라고 하였다.

⇒ 농기구〔丁〕를 쥐고 입〔口〕으로 노래를 부르는〔欠〕 상황을 본떴다.

③ **唱** : 《설문해자》에 "창唱은 '이끌다'이다.〔唱 導也〕"라고 하였다. 고대에는 여러 사람들이 함께 노래하거나 일하면서 합창을 할 때는 앞에서 선창을 하고 뒤에서 후창을 하였다.

→ 《사기》 〈진섭세가陳涉世家〉에 "천하를 위하여 선창하면 응당 많이 호응한다.〔爲天下唱 宜多應者〕"라고 하였다.

⇒ 입〔口〕으로 하는 창성하게〔昌〕 노래하는 상황을 본떴다. 구謳는 '합창', 가歌는 '노래의 총칭', 창唱은 '선창'으로 구분된다.

④ **謠** : 민간에서 유행하는 가요로 〈경도요京都謠〉·〈소맥요小麥謠〉 등과 같이 민간에서 입에서 입으로 전해내려 오는 민간가요로, 마음에 감흥이 일어날 때 음악 없이도 마음 가는 대로 지어서 부르는 노래이다.

→ 《시경》 〈위풍魏風 원유도園有桃〉에 "마음에 시름 있으니 음악에 맞추어 노래하고 맨 소리로 흥얼거리네.〔心之憂矣 我歌且謠〕"라고 하였다.

⇒ 질그릇〔䍃〕을 두드리며 말〔言〕로 하는 노래이다.

## 142. 權(저울추 권)·衡(저울대 형)·度(잴 탁)·量(헤아릴 량) : 재다

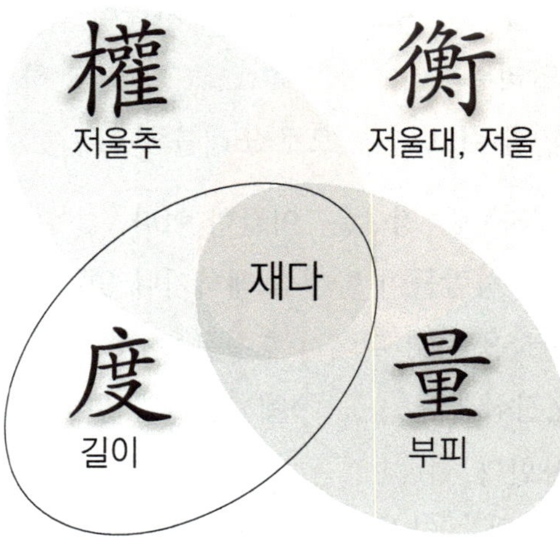


① 權 : 명사로 사용될 때는 도량형의 기구를 가리키는데, 권權은 '저울추'를 이른다. 《광아廣雅》〈석기釋器〉에 "추錘를 '권權'이라고 한다.〔錘 謂之權〕"라고 하였다. 이처럼 물건을 잴 때 좌우로 옮겨 중심을 잡아 무게를 재는 행위에서 세력의 중심을 이르는 '권세'의 의미로 파생되었다. 또한 저울은 한 곳에 고정되지 않고 이리저리 옮기는 데서 '임시'의 의미로도 쓰인다.

→ 《맹자》〈양혜왕 상梁惠王 上〉에 "달아 본 뒤에라야 무게를 알 수 있다.〔權 然後 知輕重〕"라고 하였다.

⇒ 나무〔木〕로 만들어 정확한 눈금을 표시하여 살펴보도록〔雚〕 만든 '저울대'를 이른다.

② 衡 : '저울대', '저울'을 이른다. 《구장산술九章算術》〈방정方程〉에 "오작과 육연을 지금은 통칭 '형衡'이라고 한다.〔今有五雀六燕 集稱

之衡〕"라고 하였다.

→《장자》〈거협胠篋〉에 "저울추와 저울대를 만들어 무게를 달게 하면 저울추와 저울대까지 훔쳐간다.〔爲之權衡以稱之 則幷與權衡而竊之〕"라고 하였다.

⇒ 길거리〔行〕를 지나가는 소의 뿔〔角〕에 큰〔大〕 가름목을 걸어 놓은 모습이 저울대와 비슷한데서 붙여진 뜻이다.

③ 度 : 길이를 재는 단위이다.

→《맹자》〈양혜왕 상梁惠王 上〉에 "재어보고 나서야 길이를 안다.〔度 然後 知長短〕"라고 하였다.

⇒ 발음을 결정한 탁庶의 생략형과 물건의 길이를 재는 손〔又〕 동작이 합체자이다.

④ 量 : 부피를 재는 단위이자 기구이다.《한서漢書》〈율력지 상律歷志 上〉에 "량量이란 작·홉·되·말·휘인데 많고 적음을 계산하는 것이다.〔量者 龠 合 升 斗 斛也 所以量多少也〕"라고 하였다.

→《삼국지》〈촉서蜀書 제갈량전諸葛亮傳〉에 "원컨대 장군께서는 자신의 역량을 헤아려 대처하십시오.〔願將軍量力而處之〕"라고 하였다.

⇒ 자루와 자루의 입구〔曰〕를 본뜬 글자로 자루에 담아 부피를 헤아리라는 것이다.

○ '권權'과 '형衡'은 무게, '탁度'은 길이, '량量'은 부피를 재는 단위이다.

## 143. 極(다할 극)·至(지극할 지)·甚(심할 심)·最(가장 최) : 가장

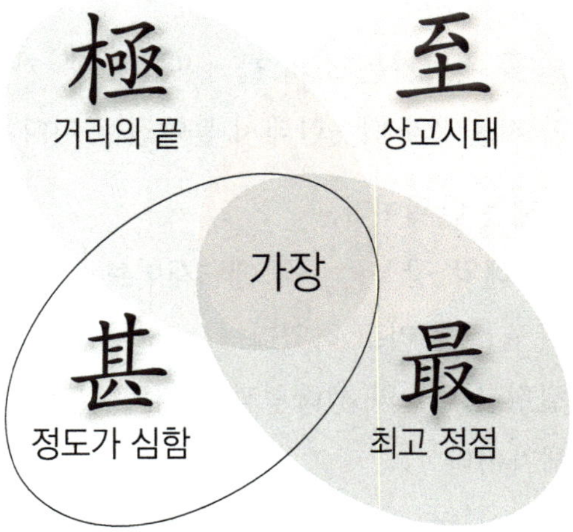


① 極 : 《설문해자》에 "극極은 용마루이다.〔極 棟也〕"라고 하였다. 뜻이 파생되어 '끝에 도달하다', '최고점에 도달하다'는 의미로 쓰인다.

→《맹자》〈양혜왕 하梁惠王 下〉에 "어떻게 우리를 이 지경까지 이르게 하는가?〔夫何使我至於此極也〕"라고 하였다.

⇒ 나무〔木〕로 만든 지붕의 끝〔亟〕을 이른다. 그래서 '가장', '최고' 등의 최상급의 의미를 가지게 되었다.

② 至 : 상고시대에는 최상급을 말할 때 일반적으로 지至를 사용하고 최最를 사용하지 않았다.

→《장자》〈소요유逍遙遊〉에 "이 또한 날아오르는 최고점이다.〔此亦飛之至也〕"라고 하였다.

⇒ 화살〔矢〕이 땅〔一〕에 이르는 모양을 본떴다.

③ 甚 : 정도가 매우 심함을 이른다.

→《열자》〈탕문湯問〉에 "심하도다. 너의 총명하지 못함이여![甚矣汝之不惠]"라고 하였다.

⇒ 맛있는[甘] 음식을 숟가락[匕]으로 떠먹는 상황을 본떠 '깊은 맛', '매우 맛있는 음식' 등의 뜻에서 '매우', '심히' 등의 뜻으로 쓰이게 되었다.

④ 最 : 최고 정점에 도달하였음을 나타내는 최상급의 의미를 지닌다.

→ 구양수歐陽脩의 〈취옹정기醉翁亭記〉에 "태수는 손님과 이곳에 술 마시러 오곤 했는데 조금만 마셔도 곧바로 취하고 나이도 가장 많아서 스스로 '술 취한 늙은이'라고 호를 붙였다.[太守與客來飮於此 飮少輒醉 而年又最高 故自號曰 醉翁也]"라고 하였다.

⇒ 귀[耳] 위까지 손[又]으로 모자[冃]를 푹 눌러쓴 모양을 본떴다. 모자는 사람의 신체 부위 중 가장 높은 머리에 쓰는 것이라 '가장'이라는 최상급의 뜻을 가졌다.

## 144. 官(벼슬 관)·吏(벼슬아치 리)·胥(벼슬아치 서)·宦(벼슬 환) : 벼슬아치

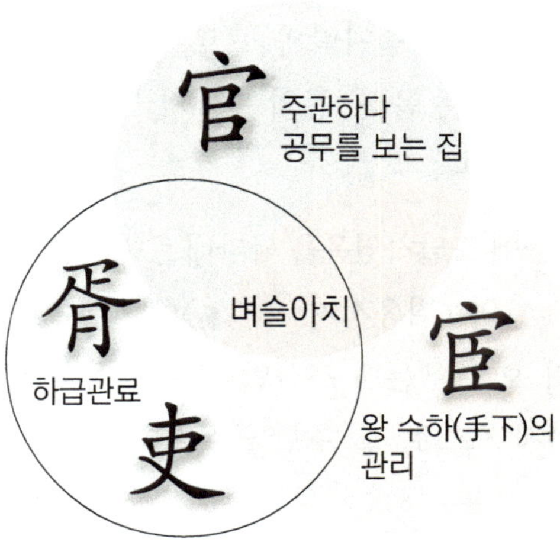


① 官 : 원래 관청官廳이나 관사官舍를 뜻하였다. 이후 그 뜻이 파생되어 '직무', '직위', '관리' 등의 의미로도 쓰였다가 '주관하다'는 뜻으로도 쓰이게 되었다. 이후 한대漢代 이후에는 관리를 이르는 말로 쓰였다.

→ 《논어》 〈요왈堯曰〉에 "도량형을 신중히 하고 법과 제도를 살피며 피폐한 관서를 수리하니 사방의 정사가 바르게 행해졌다.〔謹權量 審法度 修廢官 四方之政行焉〕"라고 하였다.

⇒ 군대〔師 : '군사 사'의 생략형〕가 주둔하고 하는 곳에 지어 공무를 보는 집을 이른다.

② 吏 : 선진先秦시대에는 백관百官의 통칭으로 크고 작은 벼슬아치를 모두 '리吏'라고 하였다. 《설문해자》에 "리吏는 사람을 다스리는 자이다.〔吏 治人者也〕"라고 하였다.

관官과 리吏가 직무의 높낮이를 뜻하게 된 것은 관료제도가 성행한 이후의 일이었다. 중앙집권제도에서 고위관료인 리吏는 상국相國, 태수太守와 같이 따로 특정한 이름을 가지게 되었다. 그러나 이후 리吏는 하급관료를 이르는 이름으로 쓰이게 되었다.

한대漢代에는 녹봉이 400석 이하의 관리를 '리吏'라고 하였고 명청대에는 녹봉이 없이 관아에서 일을 돕는 하급관리나 서류를 정리하는 사람을 '리吏'라고 불렀다. 반면 관官은 승격되어 리吏의 상급자가 되고 리吏는 관에 속하는 관원이 되었다.

→ 《맹자》〈만장 상萬章 上〉에 "상이 그 나라를 다스리지 못하게 하고 천자가 관리로 하여금 그 나라를 다스리게 하여 상에게 공물과 세금을 바치게 하였다.〔象不得有爲於其國 天子使吏治其國而納其貢稅焉〕"라고 하였다.

⇒ 손〔又〕에 필기도구를 쥐고 있는 모습을 본뜬 것으로, 도필리刀筆吏의 경우처럼 주로 기록물을 관리하거나 기록을 담당하는 일을 맡은 하급관료이다.

③ 胥 : 관서官署에서 공문서를 담당하던 소리小吏를 이른다. 《설문통훈정성說文通訓定聲》에 "가차하여 서諝가 되었으니……수를 알고 일을 기록하는 사람을 이른다.〔假借爲諝……諝知數記事者也〕"라고 하였다.

→ 《요재지이聊齋志異》〈촉직促織〉에 "마을 아전들이 교활하였다.〔里胥猾黠〕"라고 하였다.

⇒ 하급관리를 이르는 말로, 발〔疋〕로 뛰는 육체노동〔肉〕을 해야 하는 신분이 낮은 관리를 이른다.

④ 宦 : 《설문해자》에 "환宦은 벼슬이다.〔宦 仕也〕"라고 하였다. 환宦은 선진先秦시대에 다른 가문으로 들어가 가신이 될 수 있었으므로 '환유宦游'라고 하였다. 후에 주인과 노복의 관계에서 군신의 관계로 변환하여 왕이나 제후 수하手下의 관리가 되었다.

→ 이밀李密의 〈진정표陳情表〉에 "본래 벼슬과 영달을 도모하였을 뿐 명예나 절개를 중시하지 않았다.〔本圖宦達 不肯名節〕"라고 하였다.

⇒ 큰 집〔宀〕에 소속된 신하〔臣〕를 이르는 말이었다.

## 145. 冠(갓 관)·冕(면류관 면)·巾(두건 건)·弁(고깔 변)·帽(모자 모) : 모자

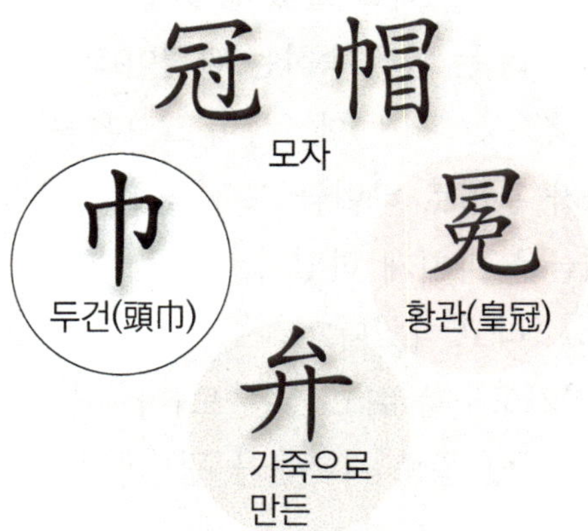


① 冠 : 모자의 총칭이다. 《설문해자》에 "관冠은 고깔이나 면류관의 총칭이다.〔冠 弁冕之總稱也〕"라고 하였는데, 본래의 뜻은 모자帽子로 제왕이나 평민들이 쓰는 모자를 막론하고 모두 '관冠'이라고 한다.

→ 《논어》 〈요왈堯曰〉에 "군자는 의관衣冠을 바르게 하며 보기를 공경히 하여 엄숙해서 사람들이 바라보고 두려워하니, 이것이 위엄이 있으면서도 사납지 않은 것이 아니겠는가?〔君子 正其衣冠 尊其瞻視 儼然人望而畏之 斯不亦威而不猛乎〕"라고 하였다.

⇒ 사람〔儿〕이 손〔寸〕으로 머리에 모자〔冃〕를 푹 눌러쓴 모양을 본떴다.

② 冕 : 본래는 사대부들이 쓰는 예모禮帽였으나, 후대에 황관皇冠만을 가리키게 되었다.

→ 《순자》 〈부국富國〉에 "천자는 붉은 곤룡포에 면류관을 쓰며, 제후는 검은 옷에 면류관을 쓴다.〔天子袾裷衣冕 諸侯玄裷衣冕〕"라고 하였다.

⇒ 모자〔冃〕를 푹 눌러 쓰고 있는 사람〔免 : 冖+人〕의 모양을 본떴다.

③ 巾 : 《옥편玉篇》에 "건巾은 허리에 차는 수건이다. 본래 물건을 닦았는데 후대 사람들이 머리에 착용하였다.〔巾 佩巾也 本以拭物 後人着之於頭〕"라고 하였다. 여기서 건巾은 두건頭巾으로 일반인들이 주로 많이 사용하였다. 그러나 높은 벼슬아치들도 썼는데 그 중에서도 제갈량諸葛亮은 늘 머리에 건巾을 썼다고 한다.

→ 《시경》 〈정풍鄭風 출기동문出其東門〉에 "흰 옷에 파란 수건 쓴 여인이여, 나와 즐거우리라.〔縞衣綦巾 聊樂我員〕"라고 하였다.

⇒ 허리에 차고 있는 수건의 모양을 본떴다.

④ 弁 : 가죽으로 만든 모자이다. 주대周代의 예복의 하나인 모자로 피변皮弁은 무관의 모자이다.

→ 《춘추좌씨전》 양공襄公 25년에 "축타보는 고당에서 제사를 지내고 조정으로 돌아와 복명을 하고 모자를 벗지도 못한 채 최씨에게 죽었다.〔祝佗父 祭於高唐 至復命 不脫弁而死於崔氏〕"라고 하였다.

⇒ 두 손〔廾〕으로 모자〔厶〕를 들고 있는 모양을 본떴다.

⑤ 帽 : 후대에 만들어진 글자로 오늘날 사용되는 뜻과 동일하다. 문인의 작품에는 비교적 적게 사용되는 반면 민간가요나 악부樂府에서는 많이 사용이 되었다. 모帽는 모冒의 원형자로 '모冒'자가 '모자'라는 의미에서 '무릅쓰다'는 뜻으로 전용되자 '모帽'자를 만들어 '모자'의 뜻으로 쓰고 있는 글자이다.

→ 소식蘇軾의 〈방산자전方山子傳〉에 "다만 쓴 모자를 보니 네모난 덮개가 높이 솟아 있었다. '이는 옛날 방산관의 모습이다.'라고 하고 그를 '방산자'라고 불렀다.〔但見其所着帽 方屋而高 曰 此古方山冠之遺像 因稱方山子〕"라고 하였다.

⇒ 천〔巾〕으로 만든 모자〔冃〕를 눈〔目〕이 덮일 정도로 눌러쓴 상황을 본떴다.

## 146. 觚(술잔 고)·觥(술잔 굉)·觴(술잔 상)·觶(술잔 치)·樽(술잔 준)·爵(술잔 작) : 술잔

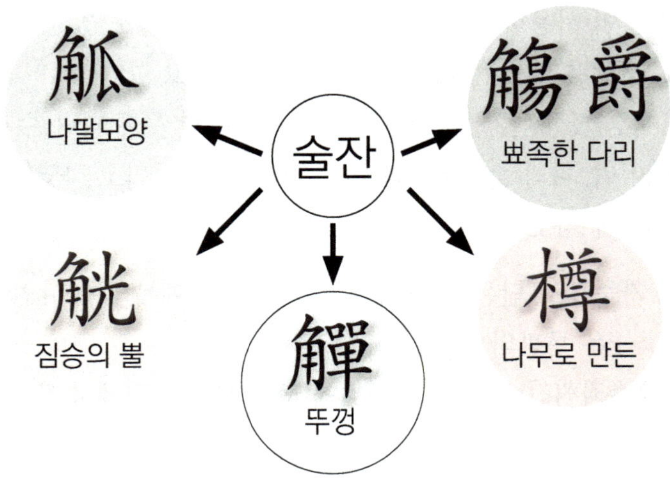


① 觚 : 상주商周시대 성행하였던 술그릇인데 주둥이가 나팔모양에 허리가 가늘고 높은 원형의 다리가 있다. 선진先秦시대에는 청동제품이 많았고 명대明代에는 질그릇으로 주로 만들었다.

→ 《논어》 〈옹야雍也〉에 "모난 그릇이 모나지 않다면 모난 그릇이라고 하겠는가? 모난 그릇이라고 하겠는가?〔觚不觚 觚哉觚哉〕"라고 하였다.

⇒ 마치 오이〔瓜〕처럼 길게 생긴 뿔〔角〕로 만든 술잔이다.

② 觥 : 처음에는 들소의 뿔을 가리켰는데, 이후 술그릇을 뜻하게 되었다. 굉觥은 배가 타원형이고 밑에는 둥근 다리가 있으며 손잡이에는 뚜껑이 있고 뚜껑에는 짐승의 머리모양을 하였다. 청동이나 짐승의 뿔로 주로 만드는데 주로 술잔으로 사용한다.

→ 《시경》 〈주남周南 권이卷耳〉에 "저 높은 산등성이에 오르려고

하지만 나의 말이 병이 들었네. 내 잠시 저 술잔에 술이나 부어 길이 마음아파하지 않으려하네.〔陟彼高岡 我馬玄黃 我姑酌彼兕觥 維以不永傷〕"라고 하였다.

⇒ 뿔〔角〕로 만들어 윤기〔光〕 나도록 가공한 술잔이다.

③ 觴 : 외뿔소의 뿔에서 유래하여 작爵과 비슷하지만 기둥이 없고 주둥이와 꼬리가 같은 형태여서 원래의 작爵으로 추정된다.

→ 《춘추좌씨전》 성공成公 2년에 "재배하고 머리를 조아리고 술잔을 올리고 구슬을 바쳤다.〔拜稽首 奉觴加璧以進〕"라고 하였다.

⇒ 뿔〔角〕로 만든 술잔으로 발음을 결정한 상昜이 합쳐졌다.

④ 觶 : 존尊과 모양이 닮았지만 존尊보다는 작으면서 뚜껑이 있다. 청동기로 만들었고 은상殷商시대와 서주西周 초기에 성행하였다.

→ 《예기》 〈단궁 하檀弓 下〉에 "지금까지 헌례를 마치고 치觶를 들어 올렸는데 이를 '두거杜擧'라고 한다.〔至于今 旣畢獻 斯揚觶 謂之杜擧〕"라고 하였다.

⇒ 뿔〔角〕로 만든 술잔으로 발음을 결정한 단單이 합쳐졌다.

⑤ 樽 : 준尊으로도 쓴다. 넓은 입과 부른 배, 둥근 다리가 있으며 원형인 것도 있고 네모난 것도 있는데, 술을 담기도 하고 술잔으로도 쓴다.

→ 도연명陶淵明의 〈귀거래사歸去來辭〉에 "아이의 손을 잡고 방으로 들어가니 술독에는 술이 가득하구나. 술병을 들어 스스로 부어 마시며 뜰 안 나뭇가지를 바라보니 마음이 편안하노라.〔携幼入室 有酒盈樽 引壺觴以自酌 眄庭柯以怡顔〕"라고 하였다.

⇒ 나무〔木〕로 만든 술잔〔尊〕을 뜻하는데 오늘날에는 다양한 재료로 만들기도 한다.

⑥ 爵 : 상주商周시대 성행했던 술잔으로 세 개의 뾰족한 다리, 두 개의 기둥이 있으며 앞에는 술을 기울일 때 사용하는 주둥이가 있고 뒤에는 꼬리가 있으며 옆에는 손잡이가 있다.

→ 《춘추좌씨전》 장공莊公 21년에 "괵공이 그릇을 요구하자 왕이 작爵을 주었다.〔虢公請器 王予之爵〕"라고 하였다.

⇒ 갑골문에서 술잔의 손잡이〔爪〕와 술그릇〔罒+旦〕과 술잔을 쥔 손〔寸〕으로 표현하고 있다.

## 147. 皆(모두 개)·俱(함께 구)·擧(모두 거)·咸(다 함)·盡(다할 진) : 모두

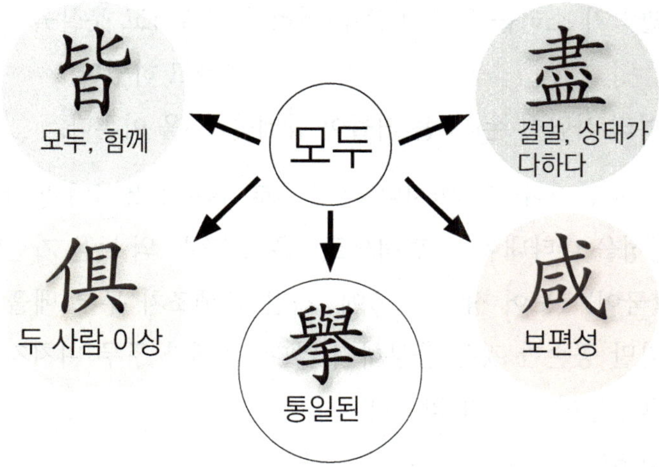


① 皆 : '완전히', '모두'이다.

→ 《서경》〈상서商書 탕서湯誓〉에 "이 해는 언제 없어질까! 나는 너와 함께 망하리라.〔時日曷喪 予及汝皆亡〕"라고 하였다.

⇒ 두 사람〔从〕이 한 목소리〔白〕를 내고 있는 상황을 본떠 '모두', '함께'의 의미를 가졌다. 백白은 '희다'는 뜻 외에도 '주인백主人白'의 경우처럼 '말하다'의 의미로도 쓰인다.

② 俱 : 《설문해자》에 "구俱는 '함께하다'이다.〔俱 偕也〕"라고 하였다. 두 사람 이상이 함께하다는 의미이다.

→ 제갈량諸葛亮의 〈출사표出師表〉에 "궁중과 부중의 사람들이 모두 하나가 되었다.〔宮中府中 俱爲一體〕"라고 하였다.

⇒ 사람〔人〕이 모두 갖추어져〔具〕 있는 상태를 이른다.

③ 擧 : '전체', '전부'의 뜻으로 하나의 범위 안에 어떠한 동작에 예외가 없이 통일됨을 이른다.

→《맹자》〈양혜왕 하梁惠王 下〉에 "백성들이 왕의 종과 북소리, 관악기 소리를 듣고서 모두 머리를 아파하고 눈살을 찌푸리며〔百姓聞王鐘鼓之聲 管籥之音 擧疾首蹙頞〕"라고 하였다.

⇒ 여러 사람이 손〔手〕을 거들어 함께함〔與〕을 이른다.

④ 咸 : '보편적이다', '미치다'는 뜻으로 부사로 쓰이며 동작 행위의 보편성을 나타내어 '보편적으로 모두', '전부'의 뜻을 가진다.

→《국어》〈노어 상魯語 上〉에 "작은 은혜조차 두루 베풀지 않고 다만 공손한 것은 충분하지 않다. 은혜가 두루 미치지 않으면 백성들이 따르지 않는다.〔小賜不咸 獨恭不優 不咸 民不歸也〕"라고 하였다.

⇒ 창〔戌〕을 든 모든 사람들이 한 목소리〔口〕로 다함께 싸워 이길 구호를 외친다.

⑤ 盡 : '다하다', '전부', '완전히' 등의 뜻이다. 부사로는 언급하는 인물이나 사물이 전부 어떤 결말이나 상태를 갖추어 있음을 강조한다.

→《사기》〈항우본기項羽本紀〉에 "항왕의 군대가 해하에 진지를 구축하고 있었는데, 군사는 적고 군량은 다 떨어졌으며 한나라 군대와 제후들의 병사들이 여러 겹으로 포위하였다.〔項王軍壁垓下 兵少食盡 漢軍及諸侯兵 圍之數重〕"라고 하였다.

⇒ 손에 설거지도구〔聿〕를 쥐고 다 먹은 그릇〔皿〕을 씻고 있는 모습에서 모두 마무리된 상태임을 나타냈다.

## 148. 看(볼 간)·視(볼 시)·見(볼 견)·望(바라볼 망)·示(보일 시) : 보다

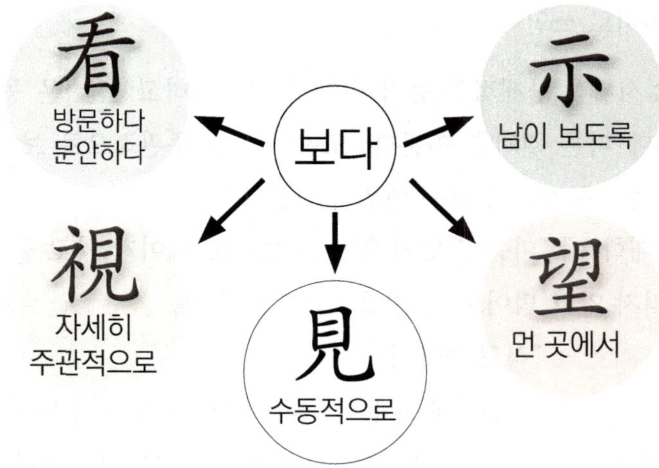


① 看 : 시視에 비해 늦게 만들어진 글자로, 처음에는 '방문하다', '문안하다'의 의미로 쓰이다가 당송唐宋 이후 오늘날의 뜻인 '보다'의 의미를 가지게 되었다.

→《한비자》〈외저설 좌하外儲說 左下〉에 "양거가 업땅의 수령이 되자 그의 누이가 방문하였는데 날은 저물고 성문이 닫혀 성곽을 넘어 들어갔다.〔梁車爲鄴令 其姊往看之 暮而後 閉門 因踰郭而入〕"라고 하였다.

⇒ 눈썹〔目〕의 윗부분에 손〔手〕으로 햇빛을 살짝 가려 멀리 보고 있는 모습을 본떴다.

② 視 :《설문해자》에 "시視는 '바라보다'이다.〔視 瞻也〕"라고 하였다. 시視는 간看과 의미는 동일하지만 보다 자세히 봄을 이른다.

→《대학》에 "열 눈이 보는 바이며 열 손이 가리키는 바이다.〔十目

所視 十手所指〕"라고 하였다.

⇒ 신탁〔示〕을 자세히 살펴보고〔見〕 있는 상황을 본떴다. 간看과 시視는 모두 '보다'는 뜻에서 파생되어 '대우하다', '대하다'는 의미로 쓰인다.

③ 見 : 시視가 구제적인 동작이나 행위를 말하고, 견見은 동작이나 행위에 따른 결과를 이른다. 또한 시視는 주관적으로 보는 행위, 견見은 수동적으로 보는 행위를 이른다.

→《대학》에 "마음이 있지 않으면 보아도 보이지 않고 들어도 들리지 않고 먹어도 그 맛을 모른다.〔心不在焉 視而不見 聽而不聞 食而不知其味〕"라고 하였다.

⇒ 사람〔儿〕의 얼굴부위에 눈〔目〕을 강조하여 보는 행위를 부각시켰다. 또한 견見은 '만나다'는 의미를 가졌는데 시視에는 이러한 뜻이 없다.

④ 望 : 망간望看은 '멀리 바라보다', 망견望見은 '높은 곳이나 먼 곳에서 보는 것'을 이른다. 망시望視는 '먼 곳을 바라보다', '우러러 보다'는 의미이다.

→《사기》〈회음후열전淮陰侯列傳〉에 "한신은 이에 만 명을 먼저 가도록 하고 어귀에 나가서 배수진을 치게 하였다. 조나라 군대가 멀리서 이를 보고 크게 비웃었다.〔信乃使萬人先行 出 背水陣 趙軍望見而大笑〕"라고 하였다.

⇒ 발돋움하고 서서〔壬〕 하늘의 달〔月〕을 바라보는 상황과 발음을 가진 망亡이 합쳐졌다.

⑤ 示 : 보이지 않는 것을 보이게 하거나 남이 보도록 하는 것을 이른다. 이에 파생되어 '현시顯示하다', '나타내다'는 뜻으로 쓰인다.

→《사기》〈염파인상여열전廉頗藺相如列傳〉에 "인상여가 벽옥을 들고 진왕에게 바치자 진왕이 매우 기뻐하며 후궁들과 좌우의 신하들에게 보여 주자 좌우의 신하들이 모두 만세를 불렀다.〔相如奉璧奏秦王 秦王大喜 傳以示美人及左右 左右皆呼萬歲〕"라고 하였다.

⇒ 신탁과 그 위에 놓은 희생물〔二〕과 희생물에서 떨어지는 핏방울〔小〕의 모양을 본떠 신의 뜻을 인간에게 드러내 '보이다'는 의미이다.

## 149. 穀(곡식 곡)·禾(벼 화)·黍(기장 서)·稷(기장 직) : 곡식

① 穀 : 서黍와 직稷 등을 포함은 곡식의 총칭이다. 곡穀은 황하유역의 주요작물이었기 때문에 후에 확대되어 일체의 곡식의 대명사가 되었다. 후에 현물로 지급하는 봉록의 의미에서 '기르다〔養〕'의 의미로도 쓰인다.

→ 《서경》〈홍범洪範〉에 "해와 달과 날과 철에 운행의 바뀜이 없다면 모든 곡식이 여물고 다스림이 밝아지며 인재가 드러나고 가문이 평안해질 것이다.〔歲月日時無易 百穀用成 乂用明 俊民用章 家用平康〕"라고 하였다.

⇒ 껍질〔殼〕이 감싸고 있는 곡식〔禾〕을 이른다.

② 禾 : 원래 조〔粟〕를 이르는데 일반적인 농작물을 이른다. 선진先秦 시대에는 화禾가 곡물의 총칭으로 쓰였지만 남북조 이후에는 논벼〔水滔〕가 양자강유역에서 번성하였기 때문에, 화禾는 논벼를 가리킨다. 때문에 상황에 따라 어떠한 의미로 쓰이는지 구분하여야

한다.

→《예기》〈월령月令〉에 "가을의 날씨가 되면 언덕과 습지에 장맛물이 넘치며 벼와 곡식이 여물지 않으며 마침내 여자에게 재앙이 생긴다.〔行秋令 則丘濕水潦 禾稼不熟 乃多女災〕"라고 하였다.

⇒ 벼의 모양을 본뜬 글자이다.

③ 黍 : 세 가지 종류가 있는데, '서黍'·'직稷'·'량粱'이다. 서黍와 직稷은 통용하여 서직黍稷으로 많이 쓰이는데, 서黍는 양식을 만들고 술을 빚는 주요한 재료이기도 하다.

→《시경》〈왕풍王風 서리黍離〉에 "저 기장이 늘어져 있거늘 피의 싹이 자라도다.〔彼黍離離 彼稷之苗〕"라고 하였다.

⇒ 물에서도 잘 자라며 물기〔水〕가 많은 곡식〔禾〕과 그 뿌리〔八〕의 모양을 본뜬 글자로 여기서는 '기장'을 이른다.

④ 稷 : 황하유역에서 주로 자라는 곡물이다. 가뭄에도 잘 자라고 생장기간이 짧아 북방사람들의 주요 곡물이었다.《설문해자》에 "오곡의 으뜸〔五穀之長〕"이라고 하였다. 그래서 주周나라 사람들은 전설에 나오는 농사의 신을 '후직后稷'이라고 하여 제사를 지내 풍년을 기원하였다.

→《시경》〈소아小雅 초자楚茨〉에 "예로부터 어째서 하였던가? 내 기장을 심으려 해서라오.〔自昔何爲 我藝黍稷〕"라고 하였다.

⇒ 논〔田〕에서 사람〔人〕이 발을 벗고〔夊〕 곡식〔禾〕을 심고 있는 모습을 본떴다.

## 150. 購(살 구)· 買(살 매)· 市(시장 시)· 貿(바꿀 무) : 사다

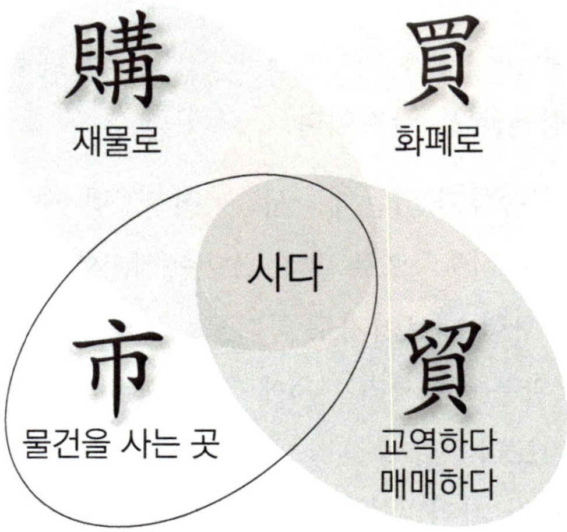


① 購 : 《설문해자》의 "구購는 재물로 구하는 것이다.〔購 以財有所求也〕"에 대한 단옥재段玉裁 주에 "구購는 높은 가격을 걸고 물건을 구하는 것이다.〔購 顯重價以求得其物也〕"라고 하였다. 본래의 의미는 '상을 걸고 널리 구하다'는 뜻이다.

→ 《사기》 〈자객열전刺客列傳〉에 "번장군은 진왕이 황금 천근과 만호의 식읍을 걸고 찾고 있습니다.〔夫樊將軍 秦王購之金千斤 邑萬家〕"라고 하였다.

⇒ 돈〔貝〕으로 상대를 엮어〔冓〕 다른 물건으로 바꾸는 행위를 이른다.

② 買 : 화폐를 이용하여 물건을 사는 것을 말한다.

→ 《한비자》 〈외저설 좌상外儲說 左上〉에 "정나라 사람은 그 상자만 사고 진주는 돌려주었다.〔鄭人買其櫝而還其珠〕"라고 하였다.

⇒ 그물질하여〔罒〕 조개〔貝〕를 잡아 그것으로 물건을 '사다'는 의미이다.

③ 市 : 《설문해자》의 "시市는 사고팔러 가는 곳이다.〔市 買賣所之也〕"에 대한 단옥재段玉裁 주에 "시市는 물건을 사는 곳이다. 따라서 물건을 사는 것 역시 '시市'라고 한다.〔市者 買物之所 因之買物 亦言市〕"라고 하였다.

→ 《전국책》 〈제책齊策〉에 "이것은 바로 신이 귀공을 위해 의를 산 까닭입니다.〔乃臣所以爲君市義也〕"라고 하였다.

⇒ 사람들이 번잡하게 오가는〔止〕 곳에 천〔巾〕을 걸어 자신이 파는 물건을 알리는, 오늘날 간판과 같은 역할을 하던 모습을 본떴다.

④ 貿 : 《설문해자》에 "무貿는 '재물을 바꾸다'이다.〔貿 易財也〕"라고 하였다. 《광아廣雅》 〈석고釋詁〉에 "무貿는 '바꾸다'이다.〔貿 敡也〕"라고 하여 '교역하다', '매매하다', '교환하다'는 뜻을 가졌다.

→ 《시경》 〈위풍衛風 맹氓〉에 "어리석은 백성이 베를 안고 실을 바꾸러 왔구나.〔氓之蚩蚩 抱布貿絲〕"라고 하였다.

⇒ 물건을 사고파는 돈〔貝〕과 발음을 결정한 묘卯가 합쳐졌다.

## 151. 賣(팔 매)·售(팔 수)·鬻(팔 육) : 팔다

① 賣 : 매買와 매賣는 서로 대응하는 것으로 매買는 '사다', 매賣는 '팔다'의 의미를 가졌다. 《급취편急就篇》에 "파는 것을 '매賣', 사는 것을 '매買'라고 한다.〔出曰賣 入曰買〕"라고 하였다.

→ 백거이白居易의 〈매탄옹賣炭翁〉에 "숯 팔아 돈을 벌어 어디에 쓰는가?〔賣炭得錢何所營〕"라고 하였다.

⇒ 지금은 마치 사士와 매買가 합하여 이루어진 것처럼 보이지만, 원래는 출出과 매買의 합체자로 물건을 내보내는 행위, 즉 파는 행위를 뜻한다.

② 售 : 수售와 육鬻은 교역에서 주로 파는 행위를 이른다. 《설문해자에 "수售는 팔아서 손을 떠나는 것이다.〔售 賣去手也〕"라고 하였다.

→ 《시경》 〈패풍邶風 곡풍谷風〉에 "장사꾼의 물건이 팔리지 않네.〔賈用不售〕"라고 하였다.

⇒ 새〔隹〕들이 시끄럽게 떠드는 소리〔口〕였으나, 물건을 사고파는

시장의 소리가 이와 같다고 하여 '팔다'는 의미로 파생되었다.

③ 鬻 : 《춘추좌씨전》 소공昭公 3년에 "육鬻은 파는 것이다.〔鬻 賣也〕" 라고 하였다.

→《춘추좌씨전》 소공昭公 3년에 "경공이 형벌을 자주 집행하여 의족을 파는 사람이 있었다. 그래서 대답하기를 '의족은 비싸고 신발은 쌉니다.'라고 하였다.〔景公繁於刑 有鬻踊者 故對曰 踊貴屨賤〕"라고 하였다.

⇒ 솥〔鬲〕에 가득한 끓인 죽粥을 내다 '팔다'는 뜻이다.

## 152. 灌(물댈 관)·漑(물댈 개) : 물 대다

① **灌** : 고대 경작지 안으로 물을 대거나 물을 뿌린다는 의미로 사용되었다. 또한 물을 높은 곳에서 낮은 곳으로 유입시킨다는 뜻이다. 《설문해자》에 "관灌은 '물을 대다'이다.〔灌 灌水〕"라고 하였다.

→ 《장자》 〈소요유逍遙遊〉에 "제때 비가 내리는데 오히려 물을 댄다면 그 윤택함이 또한 수고롭지 않겠는가?〔時雨降矣 而猶浸灌其於澤也 不亦勞乎〕"라고 하였다.

⇒ 두레박〔雚 : 罐의 생략형〕으로 물〔氵〕을 길러 붓다는 뜻이다.

② **漑** : 《설문해자》에 "일설에는 '물을 대다'이다.〔一曰 灌注也〕"라고 하였다. 개漑가 관개灌漑에 사용된 것은 관灌보다 늦다. 전국시대 말기에 보이기 시작하는데 관灌의 방언이 변화된 것으로 추측된다.

→ 《사기》 〈골계열전滑稽列傳〉에 "서문표는 곧 백성들을 동원하여 12개의 도랑을 파고 황하의 물을 끌어다 백성들의 밭에 물을 대니 밭에는 모두 물이 대어졌다.〔西門豹卽發民鑿十二渠 引河水灌民田 田皆漑〕"라고 하였다.

⇒ 물〔氵〕을 대다는 뜻과 발음을 결정한 기旣가 합쳐졌다.

## 153. 畏(두려울 외)·憚(꺼릴 탄)·懼(두려울 구)·恐(두려울 공)·驚(놀랄 경) : 두려워하다

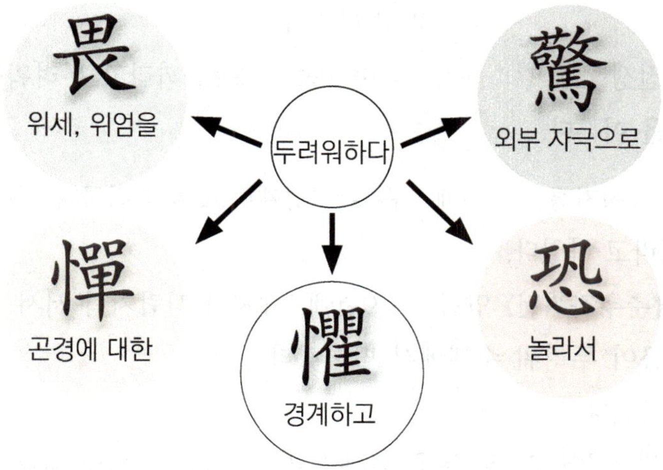


① 畏 : 《신서新書》 〈용경容經〉에 "위의가 있어 두려운 것을 '외畏'라고 한다.〔有威而可畏謂之畏〕"라고 하였다. 때문에 본래의 뜻은 위세나 위엄에서 나오는 두려움을 이르는데 그 대상은 하늘이나 천명, 귀신이었다. 이후 그 의미가 확장되어 점차 사람이나 사물에게도 사용되었다. 외畏는 일반적으로 목적어를 가지고 때때로 사동使動으로 쓰이는 경우도 있다.

→ 《서경》 〈탕서湯誓〉에 "하나라 임금이 죄가 있으니 나는 상제上帝가 두려워 감히 바로잡지 않을 수 없다.〔夏氏有罪 予畏上帝 不敢不正〕"라고 하였다.

⇒ 가면〔田〕을 쓴 사람〔人〕이 지팡이를 쥐고 있는 두려운 존재를 표현하였다.

② 憚 : 《설문해자》에 "탄憚은 '꺼려 어려워하다'이다.〔憚 忌難也〕"라

고 하였다. 때문에 탄憚은 곤란함에 대한 꺼림을 이른다.

→《논어》〈학이學而〉에 "충과 신을 주로하고 자기만 못한 이와는 벗하지 말며 잘못이 있으면 고치기를 꺼리지마라.〔主忠信 無友不如己者 過則勿憚改〕"라고 하였다.

⇒ 전쟁〔單 : 戰의 생략형〕을 마음속〔忄〕으로 꺼리고 두려워하는 것을 이른다.

③ 懼 :《정자통正字通》에 "구懼는 '경계하고 두려워하다'이다.〔懼 戒懼〕"라고 하였다.

→《춘추좌씨전》 양공襄公 9년에 "돼지가 사람처럼 서서 울자 양공이 두려워 수레에서 떨어졌다.〔豕人立而啼 公懼 墜於車〕"라고 하였다.

⇒ 새가 놀라서 두 눈을 부릅뜨고〔瞿〕 있는 것처럼 마음속〔忄〕에 두려움이 있음을 이른다.

④ 恐 :《홍무정운洪武正韻》에 "공恐에는 놀라서 두려워 허둥대다는 뜻이 있다.〔恐 有惊惶之意〕"라고 하였다.

→《논어》〈태백泰伯〉에 "배움은 미치지 못하는 듯하여 오히려 잃을까 두려워해야 한다.〔學如不及 猶恐失之〕"라고 하였다.

⇒ 일반적으로 목적어를 수반하지 않는데 간혹 목적어를 수반하여 사동使動의 의미로 사용된다.

⑤ 驚 : 말이 놀라서 평소의 상태를 잃다는 뜻에서 짐승이나 사람이 '놀라다'는 뜻으로 파생되었다. 경驚은 의외의 놀라움을 느낄 뿐 두려움을 이르는 것은 아니기 때문에 일종의 외부의 자극으로 인하여 사람의 속마음을 긴장시키는 의미이다. 또한 경驚은 '외畏'·'탄憚'·'구懼'와는 뚜렷이 구분된다. 간혹 경驚은 공恐과 외畏자

와 연용하기도 하지만 경驚이 바로 '공恐'이나 '외畏'라고 말하기는 어렵다.

→《전국책》〈조책趙策〉에 "예양은 지나가는 다리 아래에 숨어 있었다. 조양자가 다리에 이르자 말이 놀랐다.〔豫讓伏所當過橋下 襄子至橋而馬驚〕"라고 하였다.

⇒ 잘 놀라는 말〔馬〕은 언제나 조심히〔敬〕 다루어야 한다.

# 색인

# 색 인

## ㄱ

## ㄴ



## ㄷ

ㅇ

## ㅈ



## ㅊ

## ㅌ



## ㅍ



## ㅎ

한자한문교육총서 39

**알쏭달쏭한자** 정가 25,000원

2025년 09월 20일 초판 인쇄
2025년 09월 30일 초판 발행

편 저 박상수
교 정 신양선
윤 문 이화춘
일러스트 백준철
출 판 백준철
관 리 권원오
보 급 신양선

발행인 김 현

발행처 (사단법인) 전통문화연구회

서울 종로구 삼봉로 81 두산위브파빌리온 1332호
전화 : (02)762-8401 전송 : (02)747-0083
전자우편 : juntong@juntong.or.kr
홈페이지 : juntong.or.kr
사이버書院 : hm.cyberseodang.or.kr
온라인서점 : book.cyberseodang.or.kr

등 록 1989. 7. 3. 제1-936호
총 판 한국출판협동조합(070-7119-1750)

ISBN 979-11-5794-444-6 04710
978-89-85395-54-0 (세트)

# 전통문화연구회 도서목록

## 新編 基礎漢文教材·漢文讀解捷徑

| 서명 | 역자 | 가격 |
|---|---|---|
| 新編 四字小學·推句 | 고전교육연구실 편역 | 11,000원 |
| 新編 啓蒙篇·童蒙先習 | 고전교육연구실 편역 | 11,000원 |
| 新編 明心寶鑑 | 이지곤·원주용 역주 | 15,000원 |
| 新編 擊蒙要訣 | 함현찬 역주 | 12,000원 |
| 新編 註解千字文 | 이충구 역주 | 12,000원 |
| 新編 原文으로 읽는 故事成語 | 元周用 編譯 | 15,000원 |
| 新編 唐音註解選 | 權卿相 譯註 | 22,000원 |
| (개정판) 漢文독해기본패턴 | 고전교육연구실 著 | 20,000원 |
| 논어독해 첫걸음 | 고전교육연구실 著 | 17,000원 |
| 맹자독해 첫걸음 | | 근간 |
| 한문독해첩경 文學篇 | 朴相水·李和春 외 著 | 17,000원 |
| 한문독해첩경 史學篇 | 朴相水·李和春 외 著 | 17,000원 |
| 한문독해첩경 哲學篇 | 朴相水·李和春 외 著 | 17,000원 |

## 五書五經讀本

| 서명 | 역자 | 가격 |
|---|---|---|
| 論語集註 上·下 | 鄭太鉉 譯註 | 合 49,000원 |
| 孟子集註 上·下 | 田炳秀 外 譯註 | 合 60,000원 |
| 大學·中庸集註 | 李光虎 外 譯註 | 15,000원 |
| 小學集註 上·下 | 李忠九 外 譯註 | 合 50,000원 |
| 詩經集傳 上·中·下 | 朴小東 譯註 | 合 90,000원 |
| 書經集傳 上·中·下 | 金東柱 譯註 | 合 90,000원 |
| 周易傳義 元·亨·利·貞 | 崔英辰 外 譯註 | 合 120,000원 |
| 詳說 古文眞寶大全後集 上·下 | 李相夏 外 譯註 | 合 64,000원 |
| 春秋左氏傳 上·中·下 | 許鎬九 外 譯註 | 合 109,000원 |
| 禮記 上·中·下 | 成百曉 外 譯註 | 合 90,000원 |

## 東洋古典國譯叢書

| 서명 | 역자 | 가격 |
|---|---|---|
| 大學·中庸集註 -개정증보판 | 成百曉 譯註 | 12,000원 |
| 論語集註 -개정증보판 | 成百曉 譯註 | 30,000원 |
| 孟子集註 -개정증보판 | 成百曉 譯註 | 30,000원 |
| 詩經集傳 上·下 | 成百曉 譯註 | 合 70,000원 |
| 書經集傳 上·下 | 成百曉 譯註 | 合 66,000원 |
| 周易傳義 上·下 | 成百曉 譯註 | 合 80,000원 |
| 小學集註 | 成百曉 譯註 | 30,000원 |
| 古文眞寶 後集 | 成百曉 譯註 | 32,000원 |

## 東洋古典譯註叢書

### 〈經部〉

| 서명 | 역자 | 가격 |
|---|---|---|
| 十三經注疏 | | |
| 周易正義 1~4 | 成百曉 外 譯註 | 合 147,000원 |
| 尙書正義 1~7 | 金東柱 譯註 | 合 241,000원 |
| 毛詩正義 1~8〔全15〕 | 朴小東 外 譯註 | 合 288,000원 |
| 禮記正義 1~3, 中庸·大學 | 李光虎 外 譯註 | 合 117,000원 |
| 論語注疏 1~3 | 鄭太鉉 外 譯註 | 合 117,000원 |
| 孟子注疏 1~4〔全5〕 | 崔彩基 外 譯註 | 合 124,000원 |
| 孝經注疏 | 鄭太鉉 外 譯註 | 35,000원 |
| 周禮注疏 1~4〔全15〕 | 金容天 外 譯註 | 合 129,000원 |
| 春秋左傳正義 1~2〔全18〕 | 許鎬九 外 譯註 | 合 59,000원 |
| 春秋公羊傳注疏 1〔全7〕 | 宋基采 外 譯註 | 合 37,000원 |
| 春秋左氏傳 1~8 | 鄭太鉉 譯註 | 合 255,000원 |
| 禮記集說大全 1~6〔全10〕 | 辛承云 外 譯註 | 合 206,000원 |
| 東萊博議 1~5 | 鄭太鉉 外 譯註 | 合 172,000원 |
| 韓詩外傳 1~2 | 許敬震 外 譯註 | 合 65,000원 |
| 說文解字注 1~5〔全20〕 | 李忠九 外 譯註 | 合 172,000원 |

### 〈史部〉

| 서명 | 역자 | 가격 |
|---|---|---|
| 思政殿訓義 資治通鑑綱目 1~23〔全39〕 | 辛承云 外 譯註 | 合 710,000원 |
| 通鑑節要 1~9 | 成百曉 譯註 | 合 316,000원 |
| 唐陸宣公奏議 1~2 | 沈慶昊 外 譯註 | 合 88,000원 |
| 貞觀政要集論 1~4 | 李忠九 外 譯註 | 合 109,000원 |
| 列女傳補注 1~2 | 崔秉準 外 譯註 | 合 68,000원 |
| 歷代君鑑 1~4 | 洪起殷 外 譯註 | 合 140,000원 |

### 〈子部〉

| 서명 | 역자 | 가격 |
|---|---|---|
| 孔子家語 1~2 | 許敬震 外 譯註 | 合 79,000원 |
| 管子 1~4〔全5〕 | 李錫明 外 譯註 | 合 130,000원 |
| 近思錄集解 1~3 | 成百曉 譯註 | 合 106,000원 |
| 老子道德經注 | 金是天 譯註 | 30,000원 |
| 大學衍義 1~5〔全7〕 | 辛承云 外 譯註 | 合 148,000원 |
| 墨子閒詁 1~7 | 李相夏 外 譯註 | 合 267,000원 |
| 說苑 1~2 | 許鎬九 譯註 | 合 50,000원 |
| 世說新語補 1~5 | 金鎭玉 外 譯註 | 合 181,000원 |
| 荀子集解 1~7 | 宋基采 譯註 | 合 238,000원 |
| 心經附註 | 成百曉 譯註 | 38,000원 |
| 顔氏家訓 1~2 | 鄭在書 外 譯註 | 合 59,000원 |
| 揚子法言 1〔全2〕 | 朴勝珠 譯註 | 24,000원 |
| 列子鬳齋口義 | 崔秉準·孔勤植·權憲俊 共譯 | 40,000원 |
| 二程全書 1~7〔全8〕 | 崔錫起·外 譯註 | 合 251,000원 |
| 莊子 1~4 | 安炳周·田好根 共譯 | 合 143,000원 |
| 政經·牧民心鑑 | 洪起殷·全百燦 譯註 | 27,000원 |
| 韓非子集解 1~5 | 許鎬九 外 譯註 | 合 202,000원 |
| 武經七書直解 | | |
| 孫武子直解·吳子直解 | 成百曉 外 譯註 | 45,000원 |
| 六韜直解·三略直解 | 成百曉 外 譯註 | 26,000원 |
| 尉繚子直解·李衛公問對直解 | 成百曉 外 譯註 | 26,000원 |
| 司馬法直解 | 成百曉 外 譯註 | 26,000원 |

### 〈集部〉

| 서명 | 역자 | 가격 |
|---|---|---|
| 古文眞寶 前集 | 成百曉 譯註 | 30,000원 |
| 唐詩三百首 1~3 | 宋載邵 外 譯註 | 合 127,000원 |
| 唐宋八大家文抄 韓愈 1~3 | 鄭太鉉 譯註 | 合 78,000원 |
| 〃 柳宗元 1~2 | 宋基采 譯註 | 合 44,000원 |
| 〃 歐陽脩 1~7 | 李相夏 譯註 | 合 220,000원 |
| 〃 王安石 1~2 | 申用浩·許鎬九 共譯 | 合 45,000원 |
| 〃 曾鞏 | 宋基采 譯註 | 25,000원 |
| 〃 蘇洵 | 李章佑 外 譯註 | 25,000원 |
| 〃 蘇軾 1~5 | 成百曉 譯註 | 合 110,000원 |
| 〃 蘇轍 1~3 | 金東柱 譯註 | 合 64,000원 |
| 明淸八大家文鈔 1 歸有光·方苞 | 李相夏 外 譯註 | 35,000원 |
| 〃 2 劉大櫆·姚鼐 | 李相夏 外 譯註 | 35,000원 |
| 〃 3 梅曾亮·曾國藩 | 李相夏 外 譯註 | 38,000원 |
| 〃 4 張裕釗·吳汝綸 | 李相夏 外 譯註 | 50,000원 |

## 東洋古典新譯

| 서명 | 역자 | 가격 |
|---|---|---|
| 당시선 | 송재소·최경렬·김영죽 편역 | 24,000원 |
| 손자병법 | 성백효 역주 | 14,000원 |
| 장자 | 안병주·전호근·김형석 역주 | 13,000원 |
| 고문진보 후집 | 신용호 번역 | 28,000원 |
| 노자도덕경 | 김시천 역주 | 15,000원 |
| 고문진보 전집 上·下 | 신용호 번역 | 各 22,000원 |
| 신식 비문척독 | 박상수 번역 | 25,000원 |
| 쉽게 배우는 안씨가훈 | 김창진 편역 | 23,000원 |

## 동양문화총서

| | | |
|---|---|---|
| 동양사상 해설과 원전 | 정규훈 外 저 | 22,000원 |
| 화합의 길 《중용》 읽기 | 금장태 저 | 20,000원 |
| 호설과 시장 | 신용호 저 | 20,000원 |
| 어느 노학자의 젊은 시절 -《고문진보》選譯 | 심재기 저 | 22,000원 |

## 문화문고

| | | |
|---|---|---|
| 경전으로 본 세계종교 그리스도교 | 이정배 편저 | 10,000원 |
| 〃 도교 | 이강수 편역 | 13,000원 |
| 〃 천도교 | 윤석산 외 편저 | 10,000원 |
| 〃 힌두교 | 길희성 편역 | 10,000원 |
| 〃 유교 | 이기동 편저 | 10,000원 |
| 〃 불교 | 김용표 편저 | 22,000원 |
| 〃 이슬람 | 김영경 편역 | 13,000원 |
| 논어·대학·중용 | 조수익·박승주 공역 | 13,000원 |
| 맹자 | 조수익·박승주 공역 | 10,000원 |
| 소학 | 박승주·조수익 공역 | 10,000원 |
| 십구사략 1~2 | 정광호 저 | 合 24,000원 |
| 무경칠서 손자병법·오자병법 | 성백효 역 | 13,000원 |
| 〃 육도·삼략 | 성백효 역 | 10,000원 |
| 〃 사마법·울료자·이위공문대 | 성백효 역 | 10,000원 |
| 당시선 | 송재소·최경렬·김영죽 편역 | 10,000원 |
| 한문문법 | 이상진 저 | 20,000원 |
| 한자한문전통교재 | 조수익·이성민 공역 | 13,000원 |
| 士小節 선비 집안의 작은 예절 | 이동희 편역 | 13,000원 |
| 儒學이란 무엇인가 | 이동희 저 | 18,000원 |
| 동아시아의 유교와 전통문화 | 이동희 저 | 13,000원 |
| 현대인, 동양고전에서 길을 찾다 | 이동희 저 | 10,000원 |
| 100자에 담긴 한자문화 이야기 | 김경수 저 | 12,000원 |
| 우리 설화 1~2 | 김동주 편역 | 合 20,000원 |
| 대한민국 국무총리 | 이재원 저 | 10,000원 |
| 백운거사 이규보의 문화인생 | 신용호 저 | 14,000원 |